Max Bolliger · Silvio Neuendorf

Das Ravensburger Buch der Biblischen Geschichten

Für Rike und Robin

Das Ravensburger Buch der Biblischen Geschichten

Erzählt von Max Bolliger
Mit Bildern von Silvio Neuendorf

Ravensburger Buchverlag

Joseph

Joseph wird verkauft

„Joseph ist ein Träumer", sagen seine Brüder.

Wenn sie am Abend nach der Arbeit draußen spielen und sich mit den jungen Knechten und Mägden herumbalgen, schaut Joseph zu.

„Spiel mit", ruft sein ältester Bruder Ruben. Joseph schüttelt den Kopf.

„Lasst ihn doch, den mit seinen Mädchenhänden", spottet Simeon.

Alle lachen.

Simeon ist groß und stark. Die anderen fürchten seine Kraft. Er kann Bäume fällen, schwere Steine heben und mit wilden Tieren kämpfen.

Es ist wahr, was er gesagt hat. Joseph hat feine Hände. Schwere Arbeiten auf dem Feld sind ihm zuwider. Lieber sitzt er im kühlen Haus und liest in den alten Schriftrollen seines Vaters.

Die steinerne Bank unter den Bäumen ist Josephs Lieblingsplatz. Vor ihm liegt das große Gehöft mit den flachen Dächern, den Hütten der Knechte, den Ställen, den Vorratsgebäuden, der neuen Werkstatt und dem schönen, breiten Wohnhaus, in dem Joseph mit seinen Eltern und Brüdern lebt.

In der Ferne erkennt er die Mauern und Türme einer Stadt. Aus den Tälern steigen die Schatten. Die Nacht kommt bald.

Joseph vergisst die Zeit. Er träumt:
Er reitet auf einem Kamel durch die Wüste. Er besiegt einen Drachen. Er erlöst eine Königstochter im Ägypterland. Sie schenkt ihm ein Schwert und eine goldene Krone ...
Joseph erschauert. Der Wind kühlt seine heiße Stirn, er dreht die Blätter der Bäume, er rauscht und knistert in ihren Kronen. Die ersten Sterne leuchten auf. Joseph versucht sie zu zählen ...
Lachen und Geschrei vom Hof her sind verstummt. Aus einigen Fenstern flackern die Öllichter. Langsam geht Joseph auf das Haus zu.
Auf der Schwelle zieht er die Schuhe aus.
Leise tastet er sich durch den dunklen Flur in die Kammer, die er mit seinem jüngsten Bruder Benjamin teilt. Nur der Vater hat ihn gehört.

Benjamin schläft. Zusammengekuschelt liegt er unter der weichen, handgewebten Decke aus Schafwolle. Joseph betrachtet sein Gesicht. Es erinnert ihn an die Mutter. Benjamin hat sie nie gekannt. Sie ist vor acht Jahren bei seiner Geburt gestorben.
Joseph hat seinen jüngsten Bruder besonders lieb.
Joseph ist bald siebzehn Jahre alt und immer noch ein Träumer.
„Er ist nicht wie die anderen", klagt Lea, die Schwester von Josephs und Benjamins verstorbener Mutter, „er wird nie ein tüchtiger, zuverlässiger Hirte wie seine Brüder."
Sie sorgt sich um ihn.
Der Vater beruhigt Lea.
„Du musst Geduld haben", sagt er.
Joseph denkt an andere Dinge als seine Brüder. Er ist der Einzige unter ihnen, der lesen und schreiben kann. Er ist klug und wissbegierig. Schon als kleiner Junge spielte er lieber allein. Ein Stück Holz, eine Blume, ein Stein genügten ihm. In seiner Hand wurden sie lebendig. Zorn packt ihn, wenn ein Unrecht geschieht. Stehen nicht Tränen in seinen Augen, wenn er einen Menschen oder ein Tier leiden sieht?
Lea versucht Joseph zu verstehen. Der Erstgeborene ihrer Schwester Rahel ist ein Sorgenkind. Steht er darum dem Herzen des Vaters am nächsten?

Der Vater heißt Jakob. Seine Familie ist groß. Er hat zwölf Söhne und eine Tochter. Sie heißt Dina. Joseph und Benjamin sind die Jüngsten. Die anderen Söhne heißen: Ruben, Simeon, Levi, Juda, Isaschar, Sebolon, Dan, Naphtali, Gad und Asser. Alle wohnen zusammen auf dem großen Hof.
Jakob ist ein reicher und geachteter Mann im Lande Kanaan. Man braucht sieben Tage, um die Grenzen seines Landes zu umschreiten. Jakob besitzt so viele Herden, dass er ihre genaue Zahl nicht kennt.
Jakob ist schon alt. Er hat vieles er-

lebt. Manchmal erzählt er seinen Kindern und Enkeln aus seinem Leben, von langen und gefährlichen Wanderfahrten, von fremden Ländern und Völkern, von seinem Vater Isaak und seinem Bruder Esau. Als junger Mann hat er viele Jahre bei dem reichen Laban gedient, weil er dessen Tochter Rahel, die Mutter von Joseph und Benjamin, liebte. Nach der Heirat zog er mit allen Schafen und Ziegen aus Labans Herde fort. Sie waren der Lohn für seine Arbeit. Nun haben sie sich tausendfach vermehrt.
Gott ist ihm im Traum erschienen. Auf einer Leiter, die von der Erde bis zum Himmel reichte, stiegen Engel auf und nieder. Gott aber stand vor dem offenen Himmel und sprach: „Siehe, ich bin der Herr. Ich bin mit dir und deinem Hause und will dich behüten, wo du auch hingehst. Du sollst nicht mehr Jakob, sondern Israel heißen."
Immer wieder verlangt Joseph diese Traumgeschichte zu hören.
„Wie sieht Gott aus?", fragt er.
Der Vater legt ihm die Hand aufs Haar. „Warte", sagt er, „Gott wird sich auch dir eines Tages offenbaren. Gott lässt sich nicht beschreiben wie eine Landschaft oder ein Baum oder eine Blume. Gott ist eine Kraft."

„Ich möchte dir eine Freude machen", sagt der Vater eines Tages zu Joseph. Er breitet einen herrlichen Rock vor ihm aus.
Soll dieser Rock mit Ärmeln wirklich ihm gehören? Fragend schaut Joseph seinen Vater an.
Der Vater lacht: „Gefällt er dir nicht? Ist er nicht fein und schön genug für unseren Träumer?"
Staunend fahren Josephs Hände über das schimmernde Gewebe. Weich und kühl schmiegt es sich an seine Haut. Über der Brust ist es mit bunten Fäden bestickt.
Vor Freude vergisst Joseph, seinem Vater zu danken. Wie werden seine Brüder ihn darum beneiden! Er läuft zum Weiher, um sich auf der glatten Wasserfläche zu spiegeln. Er neigt sich über sein Bild. Er breitet die Arme aus und lächelt sich zu.
Plötzlich fliegt ein großer Stein dicht an seinem Kopf vorbei und klatscht ins Wasser. Joseph fährt aus seiner Versunkenheit auf. Erschrocken starrt er auf sein verzerrtes Spiegelbild. Hinter seinem Rücken lacht jemand, laut und hämisch.
Joseph schaut sich um.
Gerade sieht er noch, wie Gad sich davonmacht und zwischen den Ställen verschwindet.
Traurig geht Joseph ins Haus zurück und erzählt seinem Vater, was geschehen ist.
Hinter der großen Scheune stehen die Brüder zusammen. Ihre Blicke sind

dunkel und drohend. Simeon hat seine Hände zu Fäusten geballt. Gad lacht noch immer über den gelungenen Streich mit dem Stein.
„Hab ich nicht gut gezielt? Habt ihr gesehen, wie er erschrak?“
„Oh, ich möchte ihn einmal tüchtig verprügeln, diesen Wichtigtuer.“
„Er meint, er sei etwas Besseres als wir.“
„Ich hasse ihn!“
„Der Vater ist ungerecht. Seinen schönen Augen glaubt er alles!“
Erregt schwirren ihre Stimmen durcheinander. Haben sie die Geschichten vergessen, die er ihnen erzählte, die Wunden, die er verband, die Dornen, die er mit seinen geschickten Händen aus ihren Füßen zog? Nein, daran denkt keiner. Der Hass lässt sie das Gute vergessen. Sie überlegen nur noch, wie sie Joseph schaden können.

Deutlich bekommt Joseph diesen Hass und Neid zu spüren. Wenn er über den Hof geht, folgen ihm böse Blicke. Die Brüder verstummen, wenn er in ihren Kreis tritt. Ihr Schweigen ist eine hohe, unüberwindbare Mauer. Er ist ratlos. Manchmal hat er Angst. Wie gut ist es, dass wenigstens Benjamin zu ihm hält. Bei ihm findet er immer wieder Trost.
Träume haben Joseph aufgeweckt. Er hört den ruhigen, gleichmäßigen Atem seines kleinen Bruders. Der Morgen dämmert. Durch das offene Fenster bricht die Frühe ins Zimmer. Zögernd fangen die ersten Vögel an zu singen. Joseph schließt die Augen. Noch einmal kommt der Traum zurück:
Er bindet mit seinen Brüdern Garben auf dem Feld. Die Garben werden lebendig. Seine Garbe richtet sich von selbst auf, stolz und stark, diejenigen seiner Brüder aber neigen sich vor ihr.
Noch ein anderer Traum bewegt ihn: Sonne, Mond und elf Sterne gehen am Himmel auf. Kniend versammeln sie sich um ihn.
Lange sinnt Joseph darüber nach.
Sonne und Mond, bedeuten sie nicht Vater und Mutter? Elf Garben, elf Sterne, sind es nicht seine Brüder? Sie gehorchen ihm, sie verneigen sich, als wären sie seine Diener.
Was werden sie wohl sagen, wenn er ihnen diese Träume erzählt?
Auf einmal fürchtet er sich nicht mehr. Was können sie ihm schon antun?

Ja, was sagen seine Brüder dazu?
„Wir sollen kommen und uns vor dir verneigen?“
„Du möchtest wohl unser König werden und über uns herrschen!“
„Das könnte dir so passen!“
„Ein Prahler bist du!“
„Ein Muttersöhnchen und Heuchler.“
„Du verstehst es, dich beim Vater ein-

zuschmeicheln und uns schlecht zu machen."
„Wir werden es dir schon noch heimzahlen!"
Ihre Stimmen beben vor Zorn.
Ruben versucht, die empörten Brüder zu beschwichtigen. Er ist ruhig und besonnen.
„Es hat keinen Sinn, so mit Joseph zu streiten", sagt er. „Ich will mit dem Vater reden. Er soll ihn für seinen Hochmut bestrafen."

Nachdenklich hört der Vater seinen Ältesten an. „Sind wir nicht gute und treue Hirten deiner Herden? Haben wir nicht alle Arbeit verrichtet, die du von uns verlangtest? Haben wir nicht deinen Reichtum vermehrt? Warum soll Joseph mehr Rechte haben als wir? Verstehst du, dass es uns erbittert? Hast du jemals einem von uns einen solchen Rock geschenkt?"
Stumm nimmt der Vater die Vorwürfe entgegen. Am liebsten würde er zornig auffahren und Ruben ins Gesicht schlagen. Wie kann er es wagen, so mit seinem Vater zu reden!
Er presst die Hände zusammen. Er will ruhig bleiben. Er lässt sich auch Josephs Träume erzählen. Ja, sie sind erniedrigend für ihn, für Lea, für die Brüder. Er ruft Joseph zu sich.
Hart fährt er ihn an: „Sollen wir denn alle kommen und vor dir niederfallen?"

Joseph hat Tränen in den Augen.
„Was habe ich meinen Brüdern Böses getan?"
Doch der Vater lässt sich nicht erweichen. Zur Strafe muss Joseph eine Woche lang geringe Arbeit auf dem Hof verrichten.
Der Vater macht nicht viele Worte. Immer wieder muss er an die Träume Josephs denken. Er vergisst sie nicht mehr.

Die Regenzeit ist vorbei. Jakob schickt seine Söhne mit den Herden nach Sichem. Grün und saftig steht das Gras auf den Weiden. Niedrige Steinhütten bieten den Hirten Schutz vor wilden Tieren, vor Gewittern und schwarzen Nächten.
Benjamin und Joseph sind zu Hause geblieben.
Auf dem Hof ist es ruhig geworden. Die Ställe sind leer. Die Knechte arbeiten auf den Feldern. Die Wolle der geschorenen Schafe hat sich zu riesigen Haufen getürmt. Die Frauen sitzen an den Spinnrocken und Webstühlen. Sie erzählen sich Geschichten und singen Lieder.
Joseph und Benjamin sind glücklich. Oh, was es alles zu entdecken gibt! Die Stille in den leeren, hohen Vorratshäusern, der tanzende Staub in den Sonnenstrahlen, die sich durch die Ritzen drängen! Die Nester der Enten, die jungen Fische und Kaulquappen! Aus Haselruten lassen sich Flöten schnitzen, Pfeil und Bogen.
Wenn es niemand sieht, werfen sie Steine in den Ziehbrunnen. Joseph weiß, wie man so seine Tiefe messen kann.
Sie bauen sich eine Hütte in den Ästen eines hohen Baumes, und Benjamin übt auf einer Tafel von frischem Bienenwachs die Schriftzeichen.
„Noch nie war es so schön", sagt er zu Joseph.

Wie mag es inzwischen den Brüdern ergangen sein? Der Vater möchte es wissen.
Eines Tages sagt er: „Joseph, geh nach Sichem, bring mir Nachricht von deinen Brüdern und dem Vieh."
Joseph freut sich. In der Frühe macht er sich auf. Es ist still im ganzen Haus, Benjamin schläft. Er will ihn nicht wecken. Blass stehen die letzten Sterne am Himmel.
Lea hat ihm eine Tasche mit Wegzehrung und mit Leckerbissen für seine Brüder gerichtet.
Der Vater begleitet ihn bis zur Wegbiegung. Er legt den Arm um seine Schultern.
„Du bist mir über den Kopf gewachsen."
„Ja", sagt Joseph, „ich bin kein Kind mehr."
Zum Abschied küsst Jakob seinen Lieblingssohn. „Sei vorsichtig! Hüte

dich vor wilden Tieren, aber auch vor Menschen. Gott sei mit dir!“

Noch einmal schaut der Vater in seine Augen. Immer noch Träumeraugen, denkt er.

Jetzt sagt Joseph: „Vater, um mich brauchst du keine Angst zu haben. In einigen Tagen bin ich wieder zurück.“

Rüstig schreitet er aus.

Wohlgefällig blickt ihm der Vater nach. Joseph trägt den neuen Rock. Im breiten Ledergurt steckt ein scharfes Messer. In der Hand hält er den selbst geschnitzten Stab. Die Tasche aus weichem Ziegenleder hängt über seiner Schulter.

Jakob setzt sich am Wegrand nieder, bis Joseph seinen Blicken entschwunden ist.

War es richtig, Joseph allein zu seinen Brüdern zu schicken? Sie hassen ihn. Im Zorn könnten sie ihm ein Leid antun.

Plötzlich macht er sich Sorgen. Aber es ist zu spät, ihn zurückzurufen.

Nachdenklich kehrt Jakob nach Hause zurück.

Schon von weitem sehen die Brüder ihn kommen. Auf Umwegen hat Joseph sie gefunden. Sie waren von Sichem nach Dothan gezogen.

Gad hat ihn zuerst entdeckt. Er beschattet seine Augen mit der Hand.

„Kommt!“, ruft er seinen Brüdern zu. „Ist das nicht Joseph?“

Joseph schwenkt seinen Stock. Er beschleunigt seine Schritte und freut sich, am Ziel zu sein. Er ist müde.

„Ja, da kommt er, der Prahler und Aufschneider!“

„Jetzt sollen wir uns wohl vor ihm verneigen“, grollt Simeon. „Seht seinen bunten Rock!“

Wie eine Flamme aus der Glut bricht der Hass neu in ihren Herzen auf.

„Nun wird man sehen, was seine Träume sind. Wir werden sie ihm schon austreiben. Endlich ist er in unserer Hand.“

„Mord!“

Wer hat das Wort zuerst gesagt? Und noch einmal: „Mord!“

Hält nicht der Wind in den Bäumen den Atem an?

Verdunkelt sich nicht die Sonne?

„Töten wollen wir ihn, erwürgen und in eine Grube werfen. Niemand wird es erfahren. Wir werden dem Vater sagen, ein böses Tier habe ihn gefressen!“

„Nein“, sagt einer, „nein, das dürft ihr nicht tun. Vergießt nicht das Blut eures Bruders! Werft ihn in eine Grube für seinen Hochmut, aber legt nicht Hand an ihn!“

Es ist Ruben.

Er hofft, Joseph heimlich zu retten, aus der Grube herauszuholen und ihn gesund seinem Vater wiederzubringen.

Ahnungslos tritt Joseph in ihre Mitte. Er denkt nicht an die Streitigkeiten von früher.
„Ich bringe Nachrichten von daheim", sagt er, „wie geht es euch und den Herden?"
Keiner erwidert seinen Gruß.
Stumm und drohend kommen sie auf ihn zu. Von Furcht und Schrecken erfasst, weicht Joseph zurück, greift mit den Händen ins Leere. Angsterfüllt starrt er seine Brüder an. Er möchte fliehen. Sie umringen ihn.
„Was wollt ihr? Was habe ich euch denn getan?" Die Worte kommen nicht über seine Lippen. Todesangst würgt ihm die Kehle.
Einer packt ihn von hinten und schleudert ihn zu Boden. Die anderen zerren ihm den Rock vom Leib, zerreißen ihn zu Fetzen. Blind vor Wut stoßen sie ihn mit den Füßen und schlagen mit den Fäusten auf ihn los.
Sie schleppen den Bewusstlosen zu dem ausgetrockneten Brunnen und werfen ihn in die Tiefe. Alles ist das Werk einiger Augenblicke.
Nun sitzen sie schweigend um das Feuer. Keiner wagt dem andern in die Augen zu sehen. Sie untersuchen Josephs Tasche und verzehren gierig, was sie darin finden. Ein großer Krug mit Wein geht von Mund zu Mund.
Nur Ruben ist nicht dabei. Verborgen im Schatten einer Baumgruppe erwartet er die Nacht. Die Sonne ist untergegangen, der Himmel von ihren Strahlen blutig gefärbt.
Sicher werden sich die Brüder betrinken.
Sobald sie sich zum Schlafen niederlegen, will Ruben Joseph aus der Grube holen und zum Vater zurückbegleiten.

Die Brüder beachten Rubens Fehlen nicht. Der Wein hat ihre Zungen gelöst.
„Endlich haben wir Ruhe vor diesem Angeber, diesem eitlen Pfau!"
„Nun kann er sehen, wie sich Sonne, Mond und Sterne vor ihm verneigen."
„Verhungern und verdursten soll er!"
Die Nacht ist angebrochen. Gespenstisch spielt der Flammenschein auf ihren Gesichtern.
„Still", sagt Isaschar plötzlich.
Erschrocken lauschen sie in die Nacht hinaus.
Stimmen nähern sich, Huftritte von Kamelen.
Endlich lösen sich die Gestalten aus der Dunkelheit. Die Männer auf den Kamelen erheben die Hände zum Zeichen des Grußes.
Erleichtert atmen die Brüder auf. Es sind Händler, Ismaeliter. Sie kommen von Gilead und sind beladen mit allerlei Waren, mit Gewürzen, Balsam und Myrrhe.
Die Fremden setzen sich zu den Brüdern ans Feuer. Noch einmal macht ein Krug mit Wein die Runde.

„Es war uns, als hörten wir ein Stöhnen und Wimmern in der Nähe“, erzählt einer der Männer, „es klang wie ein Hilferuf.“
Im flackernden Licht kann er nicht sehen, wie die Hirten erbleichen. Juda flüstert dem neben ihm sitzenden Gad etwas zu. Gad gibt es weiter.
„Sollen wir nicht Joseph aus der Grube holen? Die Ismaeliter könnten ihn in Ägypten als Sklaven verkaufen. Was sollen wir unsere Hände mit dem Blut unseres Bruders besudeln!“
Die Brüder nicken Juda zu. Er soll reden und den Handel mit den Fremden abschließen.
Joseph wird aus der Grube gezogen. Sein Gesicht und sein Oberkörper sind von den Schlägen und dem verkrusteten Blut entstellt.
Was soll mit ihm geschehen?
Die Brüder weichen seinen fragenden, angstvollen Blicken aus.
Die Fremden mustern ihn von allen Seiten.
„Ja“, sagen sie, „er ist hübsch und gut gewachsen, wenn auch nicht zu schwerer Arbeit zu gebrauchen.“
„Zwanzig Silberlinge, nicht mehr und nicht weniger, könnt ihr für ihn haben.“
Die Brüder feilschen nicht. Sie sind froh, Joseph bald loszuwerden. Die Händler wollen noch in der Nacht aufbrechen und weiterziehen.
Stumm hat Joseph zugehört. Es hat keinen Sinn, sich zu wehren. Noch schmerzt sein ganzer Körper. Nun werden seine Hände auf dem Rücken zusammengebunden. Das Seil wird am Hals eines Tieres festgemacht. Zwei Treiber bewachen ihn. Willenlos lässt er alles über sich ergehen. Er fühlt sich elend und traurig.

Ruben weiß nicht, was inzwischen geschehen ist. Leise schleicht er sich ans Feuer. Die Brüder schlafen unter ihren Decken. An der Glut entzündet er einen Span und eilt damit zur Grube.
„Joseph!“, ruft er. „Joseph, ich bin es, dein Bruder Ruben. Ich bin gekommen, dich zu retten!“ Nur das Echo seiner Stimme antwortet ihm. Noch einmal ruft er: „Joseph!“
Ist er tot? Haben sie ihn zu hart geschlagen? Er wirft seine Fackel in den Abgrund.
Die Grube ist leer.
Verzweiflung überfällt ihn. Ist er zu spät gekommen? Er rennt zum Feuer zurück, weckt seine Brüder, schüttelt sie, schreit:
„Was habt ihr getan? Wo ist Joseph? Die Grube ist leer!“
Schlaftrunken richten sich die Brüder auf. Sie lachen.
„Tot? Nein, verkauft haben wir ihn, vorüberreisenden Händlern. Hier, diese zwei Silberlinge gehören dir. Wir haben redlich geteilt. Und sollte dir

etwa einfallen, uns beim Vater zu verraten, wird es auch dir nicht anders ergehen als dem Träumer! Wir werden einen Ziegenbock schlachten, die Reste von Josephs Rock mit Blut tränken und sie seinem Vater senden."
Entsetzt starrt Ruben seine Brüder an. Er schleudert ihnen das Geld vor die Füße. Wie soll er jemals wieder vor seinen Vater treten!
Er geht in die Nacht hinaus. Die Sterne funkeln am Himmel. Der Mond steigt über den Rand eines Hügels auf.
Ruben weint.

Längst sollte Joseph zurück sein. Ungeduldig wartet der Vater auf sein Kommen.
Immer wieder steigt er zu Josephs Lieblingsplatz hinauf, um nach ihm Ausschau zu halten. Nachts lässt er ein Feuer brennen.
„Kommt er heute?", fragt Benjamin. Wie leer und öde sind ihm die Tage!
Viele Stunden verbringt er auf dem Wipfel eines Baumes, um seine Ankunft nicht zu verfehlen.
Am neunten Tag nach Josephs Abreise entdeckt Benjamin in der Ferne einen dunklen Punkt. Er nähert sich, wird größer, ein Mensch.
Benjamin lässt sich am Stamm hinuntergleiten.
„Vater, er kommt, er kommt!", ruft er über den Hof, „ich gehe ihm entgegen."
Enttäuscht kehrt er mit einem der jungen Knechte zurück, die Jakob seinen Söhnen mitgegeben hat. Der Vater steht unter der Haustür.
„Wo ist Joseph?", fragt er hastig.
„Herr", stammelt der Junge, „deine Söhne schicken mich zu dir. Sie haben diese Tasche und diese blutigen Fetzen eines Rockes zwischen Dornengestrüpp gefunden. Sie lassen dich fragen, ob es nicht der Rock Josephs ist?"
Er ist es.
Jakob bedeckt sein Gesicht mit den Händen.
Er stöhnt.
„Ein wildes Tier hat ihn zerrissen!"
Unnahbar geht Jakob durch das große leere Haus. Die Frauen flüstern. Weder Benjamin noch die Enkelkinder können ihn trösten. Es ist schwer, Gottes Plan zu verstehen. In langen, schlaflosen Nächten hadert Jakob mit Gott. „Gott, du hast ihn mir genommen. Siehst du nicht meine Qual? Mein Haar ist weiß. Ich habe meine Kleider zerrissen. Ich trage einen Sack um die Lenden. Traurig wird mein Alter sein. Ich will mich nicht trösten lassen. Mit Leid und Kummer werde ich sterben …"
Gott schweigt.
Hat Jakob vergessen, was Er ihm vor vielen, vielen Jahren versprochen hat,

am Fuße der Leiter, die in den Himmel führte:
„Siehe, ich bin der Herr. Ich bin mit dir und deinem Hause und will dich behüten, wo du auch hingehst."

Joseph im Hause Potiphars

Viele Tage und Nächte sind vergangen, seit Josephs Brüder ihn für zwanzig Silberlinge verkauft haben. Im Morgengrauen erreichen die Ismaeliten den breiten Strom, den Nil.
Eine Fähre bringt sie hinüber. Die Ruderknechte singen lange, eintönige Lieder.
Joseph versteht ihre Sprache nicht.
„Sie besingen den breiten Strom, auf dem sie fahren, und Pharao, ihren König", erklären ihm die Händler. „Wir sind am Ziel unserer Reise. Wir sind in Ägypten."
Wie fremd ist alles! Häuser, Straßen und Menschen! Die Kleider der Frauen sind fein und kostbar. Vor den offenen Türen stehen Männer. Sie reden miteinander.

Staunend geht Joseph durch die Straßen der großen Stadt. Er muss Acht geben, dass er die Händler nicht aus den Augen verliert. Sie haben ihn losgebunden. Er hat ihnen versprochen, nicht zu fliehen. Es hätte keinen Sinn, allein in einem fremden Land, dessen Sprache er nicht versteht und dessen Sitten er nicht kennt.
Hinter den weißen Mauern eines riesigen Palastes steigt jetzt die Sonne auf. Ihre Strahlen vertausendfachen den Glanz goldener Dächer und Kuppeln. Geblendet bleibt Joseph stehen.
Es ist der Palast Pharaos, des Königs. Ist nicht alles ein Traum, aus dem er bald erwachen wird?
„Beeil dich!", drängen die Ismaeliten. „Der Markt hat schon begonnen."

Das Gedränge in den Straßen wird dichter. Joseph wird von allen Seiten gestoßen und geschoben. Nur die schwer beladenen Kamele schreiten ruhig und gelassen durch das Gewühl. Schon hört man das Schreien der Händler und dazwischen die Stimmen der Käufer.
Jeder versucht, den anderen zu übertönen. Jeder will die beste Ware haben. Joseph möchte stehen bleiben und zuschauen. Für einige Augenblicke hat er seine Müdigkeit vergessen.
Neben einem Sklavenhändler finden die Ismaeliten einen leeren Platz. Auf dem Boden breiten sie ihre Waren aus. Joseph stellt sich in den schmalen Schatten einer Mauer.
„Halt dich aufrecht! Mach kein trübseliges Gesicht!", ruft ihm einer der Händler zu.
Joseph weiß warum. Die Ismaeliten

wollen ein gutes Geschäft mit ihm machen.
Wo wird er sich heute Abend zum Schlafen hinlegen? Was wird ihm die Zukunft bringen?

Es ist bald Mittag. Die Sonne brennt. Die Luft flimmert. Weißer Staub legt sich über alles und dringt den Menschen durch die Kleider auf die Haut. Der Duft starker Gewürze vermischt sich mit dem Geruch von Mensch und Tier, dem Gestank faulender Fische und überreifen Obstes. Schon fangen einige Kaufleute an, ihre Waren zusammenzupacken.
Joseph steht immer noch unbeachtet an seinem Platz. Der Sklavenhändler in seiner Nähe macht gute Geschäfte. Mit einer Peitsche weckt er die erschöpften Männer und Frauen auf, wenn sich Kunden nähern, Gutsherren und reiche Bauern, die Knechte und Mägde für Feld- und Hausarbeit suchen.
Teilnahmslos lassen sich die aneinander geketteten Sklaven von den Käufern betasten.
Wie Tiere werden sie behandelt, denkt Joseph mit Schrecken. Auch er soll ja als Sklave verkauft werden.
Ein älterer Mann sinkt plötzlich lautlos zu Boden. Er ist vor Hunger und Schwäche ohnmächtig geworden.
Mit einem Stock schlägt der Händler auf ihn los. Auf dem braunen, mage-

ren Rücken zeigen sich blutige Striemen.
„Steh auf, du Tagedieb, du elender Nichtsnutz! Nicht einmal das Fressen bist du wert!"
Fassungslos schaut Joseph zu. Er vergisst seinen eigenen Kummer. Mutig stürzt er sich auf den Mann und entreißt seinem erhobenen Arm den Stock.
Die Worte bleiben dem Händler im Halse stecken. Mit offenem Mund starrt er den fremden Jüngling an. Jetzt will er sich voller Wut auf ihn werfen.
„Was fällt dir ein!", schreit er. „Das wirst du büßen!"
Schon hat sich eine Menschenmenge um die Streitenden versammelt.
„Sollen wir deinetwegen noch Scherereien haben?", schimpfen die Ismaeliten. Sie versuchen den erzürnten Sklavenhändler zu beschwichtigen.
„Er ist ein Fremdling", sagen sie, „er kommt aus Kanaan und kennt die Sitten eures Landes nicht."
„Er soll sie kennen lernen. Ich will schon dafür sorgen! Verkauft ihn mir. Ich will euch einen guten Preis für den frechen Burschen bezahlen."

Während die Ismaeliten noch mit dem Mann verhandeln, tritt ein Herr hinzu. Aus der Nähe hat er alles beobachtet.
Der Sklavenhändler verstummt jäh. Ein falsches heuchlerisches Lächeln erscheint auf seinem Gesicht. Er verneigt sich bis zur Erde. Kaum erkennt man den groben Kerl wieder.
„Womit kann ich dienen?", flüstert er ergeben. Voller Verachtung schaut ihn der vornehme Mann an.
Dann wendet er sich den Ismaeliten zu.
„Wer ist dieser junge Mann?"
„Ein Sklave, Herr! Wir möchten ihn verkaufen."
„Wie viel wollt ihr?"
„Er ist zwar nicht kräftig, doch er hat eine schöne Gestalt. Er kann rechnen, lesen und schreiben."
„Macht es kurz! Wie viel wollt ihr?"
„Nur hundert Silberlinge, Herr, Euch zu Gefallen. Ihr werdet den Kauf sicher nicht bereuen."
„Folge mir!", sagt er zu Joseph, „du sollst von jetzt an mein Diener sein."
Ohne sich noch einmal nach der gaffenden Menge umzublicken, steigt er in eine von zwei starken Männern getragene Sänfte.
„Sollen wir ihn binden?", fragt einer.
„Nein, ich vertraue ihm."
Ganz benommen von all dem Geschehen folgt Joseph dem kleinen Zug.
Er ist glücklich und dankbar, dass er dem grausamen Sklavenhändler entronnen ist.

Josephs Gebieter heißt Potiphar. Er ist Kämmerer und Hauptmann der kö-

niglichen Leibwache. Neben dem Palast des Königs bewohnt er mit seiner Frau, mit vielen Dienern und Mägden ein schönes Haus.
Wo er hinkommt, kennen ihn die Leute, und auf der Straße machen sie seiner Sänfte ehrfürchtig Platz.

Potiphar braucht seinen Kauf nicht zu bereuen. Nach einigen Monaten hat Joseph die Sprache der Ägypter erlernt. Auch ihre Zeichenschrift wird er bald beherrschen.
Nicht nur die Sprache und die Schrift sind anders als zu Hause. In Potiphars Haus gibt es Sessel mit goldenen Beschlägen, herrliche Gefäße aus Alabaster, Krüge und Schöpflöffel aus Kupfer. Auch die Männer tragen Schmuck, Ringe mit glänzenden Steinen, blitzende Ohrgehänge, gestickte Stirnbänder, Arm- und Fußspangen und goldene Ketten.
Von Potiphars Haus sieht Joseph auf den Nil.
Der Fluss gibt dem Land das Leben. Der Fluss macht die Menschen glücklich. Er bewässert die Felder. An seinen Ufern wachsen Palmen, Feigen- und Granatapfelbäume. Im Schilf hausen Wasserbüffel und Nilpferde.
Joseph lacht, wenn er den Jungen zuschaut, die mit Netzen fischen oder sich aus dicken Schilfbündeln kleine Boote bauen und damit stundenlang auf dem Wasser herumspielen.
Das würde meinem Bruder Benjamin auch gefallen, denkt er.

Drei Jahre sind seit seiner Ankunft in Ägypten vergangen.
„Was Joseph in die Hand nimmt, gelingt ihm", sagt Potiphar. „Man kann sich auf ihn verlassen. Auch wenn Joseph ein Sklave ist und mir mit Leib und Seele gehört, sind sein Fleiß und seine Treue nicht selbstverständlich."
Eines Tages lässt er ihn zu sich kommen.
„Joseph", sagt er, „seit du in meinem Hause bist, liegen Segen und Glück über allem. Du hast mein Haus gepflegt, als ob es dein eigenes wäre. Du hast meinen Reichtum vermehrt und warst gerecht gegen die Knechte und Mägde. Von heute an sollst du der Verwalter meines Hauses sein, meiner Felder und Güter. Ich setze dich über alles, was ich habe!"

Die Frau Potiphars weiß oft nicht, wie sie die Tage verbringen soll. Sie hat wohl ihre weißen Hunde, hat bunte Papageien in Käfigen und sogar einen kleinen Affen an einer goldenen Kette. Doch die Tage sind lang. Potiphar ist im Palast des Königs. Knechte und Mägde arbeiten in den Gärten und auf den Feldern. Nur Joseph, der junge Verwalter, ist da.
Sie beobachtet ihn bei der Arbeit. Er ist flink und von schöner Gestalt.

„Du bist mein Sklave“, sagt sie zu ihm. „Mein Mann hat hundert Silberlinge für dich bezahlt. Du musst tun, was ich will. Du gehörst mir wie die Hunde, wie die Papageien und wie mein kleiner Affe.“
„Herrin, ich bin euer Sklave, aber ich bin kein Spielzeug“, sagt Joseph höflich.
„Doch“ sagt sie, „du bist mein Spielzeug.“
Sie springt von ihrem Ruhebett auf und fasst nach Josephs Rock.
Sie lacht trotzig wie ein Kind.
Erschrocken reißt sich Joseph los, stürzt hinaus in den Garten. Er merkt nicht, dass sie seinen Rock in den Händen hält. Schreit sie deswegen so laut?
Knechte, Diener und Mägde laufen zusammen. „Seht!“, ruft sie und zeigt Josephs Rock herum, „dieser Heuchler, den mein Mann zum Verwalter erhoben hat, wollte mich umarmen. Und als ich schrie, flüchtete er.“
Entsetzt starren die Knechte und Mägde einander an. Stumm kehren sie an ihre Arbeit zurück. Joseph geht in seine Kammer. Noch kann er nicht fassen, was geschehen ist.

Wird Potiphar glauben, was die Frau ihm erzählt? Sie schluchzt und schleudert Josephs Rock vor seine Füße.
Er schweigt.
„Genügt dieser Rock nicht als Beweis, dass er seinen Mutwillen mit mir treiben wollte?“
Potiphar schweigt.
Hat er nicht Joseph vor dem groben Sklavenhändler bewahrt? Hat er ihn nicht lieb gehabt wie einen eigenen Sohn? Hat er ihn nicht zum Verwalter gemacht über alle seine Güter? Hat er ihm zu viel vertraut? Ist er übermütig und stolz geworden?
Die Stimme der Frau reißt ihn aus seinen Gedanken.
„Jage ihn aus dem Haus! Mach mit ihm, was du willst, doch er soll mir nicht mehr unter die Augen kommen!“
Potiphar ist einen Augenblick unsicher. Soll er mit Joseph sprechen?
Nein, es hat keinen Sinn. Liegt nicht hier zum Beweis Josephs Rock?
Enttäuschung und Trauer sind in ihm.
„Ich will ihn nicht mehr sehen!“, sagt er.
Ohne dass Joseph sich verteidigen kann, wird er von zwei Soldaten gefesselt und ins Gefängnis abgeführt.

Schlaflos und lang sind die Nächte im Gefängnis.
Aus den Nachbarzellen hört Joseph Flüche und Stöhnen.
Zusammengekauert, die Knie an die Brust gepresst, starrt er in die Dunkelheit. Über die feuchten Mauern kriechen große Spinnen. An unsichtbaren Fäden lassen sie sich von der Decke

hinuntergleiten. Ratten huschen über seine Füße. Er ist mutlos und allein.
Er denkt an den Vater, an Benjamin und auch an seine anderen Brüder. Warum haben sie ihn so gehasst?
Joseph möchte lernen, sich selbst und die anderen Menschen zu verstehen.
Zum ersten Mal seit vielen Wochen betet er wieder.
„Wie sieht Gott aus? Warum sehe ich ihn nicht?“, hatte er seinen Vater gefragt, als er noch ein kleiner Junge war. Und er hörte die Antwort:
„Gott lässt sich nicht beschreiben wie eine Landschaft oder ein Baum oder eine Blume. Gott ist eine Kraft.“

Eines Tages kommt der Gefängnishauptmann in seine Zelle.
„Joseph“, sagt er. „Ich habe dich beobachtet. Von Potiphars Knechten und Mägden habe ich nur Gutes über dich gehört. Sie glauben an deine Unschuld. Von nun an sollst du mir helfen. Ich brauche jemanden, der mit den Gefangenen umzugehen weiß.“
Joseph darf nun in einer sauberen Kammer schlafen und innerhalb der Gefängnismauern frei umhergehen.
Die Gefangenen haben Vertrauen zu ihm. Für jeden findet Joseph ein freundliches Wort. Viele erzählen ihm ihr Schicksal.
Er lässt ihre schmutzigen Zellen reinigen. Er gibt ihnen Arbeit, die sie zufrieden macht. Wo er nur kann, erleichtert er ihnen ihr schweres Los. Der Hauptmann lässt ihn gewähren.

Seit er Joseph über die Gefangenen gesetzt hat, versuchte keiner zu entfliehen, und ihre mürrischen Gesichter haben sich aufgehellt.

Unter den Gefangenen sind zwei Kämmerer des Königs, der Amtmann über die Bäcker und der Amtmann über die Schenken. Pharao verdächtigte sie, seinen Besitz veruntreut und ihre Macht im Palast missbraucht zu haben.
Eines Morgens trifft Joseph die beiden nachdenklich in ihrer Zelle.
„Warum seid ihr heute so traurig?", fragt er sie.
„Wir haben vom König geträumt, doch wir wissen nicht, was unsere Träume bedeuten!"
„Vielleicht kann ich euch helfen."
„Ich sah im Traum einen Weinstock vor mir", beginnt der Mundschenk, „er hatte drei Reben. Der Stock grünte, wuchs und blühte, und seine Trauben wurden reif. In meiner Hand hatte ich den Becher des Königs. Ich nahm die Beeren, zerdrückte sie in den Becher und reichte ihn dem König."
Aufmerksam hört Joseph zu.
„Amtmann über die Schenken", sagt er, „drei Reben sind drei Tage. In drei Tagen wird sich Pharao deiner erinnern. Er wird dir verzeihen und dich wieder in dein Amt einsetzen. Du wirst die kostbaren Weine für seinen Tisch wählen und ihm den Becher reichen."
„Oh, wenn es wahr würde!", ruft der Mundschenk aus.
„Lass mich nun meinen Traum auch erzählen", unterbricht ihn der Bäcker. „Ich trug weiße Körbe auf meinem Kopf. Im obersten Korb lag allerlei süßes Backwerk für den König, doch die Vögel kamen und fraßen es weg."
Joseph bedenkt sich lange.
„Amtmann über die Bäcker, drei Körbe sind drei Tage. In drei Tagen wird sich der Pharao deiner erinnern. Er wird dich an den Galgen hängen und die Vögel werden dein Fleisch fressen."
Laut stöhnt der Bäcker auf. Er schlägt die Hände vors Gesicht. Er will Josephs Worten nicht glauben.
„Ich gebe die Hoffnung nicht auf", sagt er.

Der König hat Geburtstag.
Auf einer goldenen Barke fährt er den Fluss hinunter. Die Menschen jubeln ihm zu. Sie lieben ihn. Sie sagen: „Er ist der Sohn der Sonne."
Das Fest dauert bis tief in die Nacht. Das Volk feiert in den Straßen und auf den Plätzen, es singt und tanzt.
Im Palast des Königs brennen tausende von Lichtern. Im Hof türmen sich die Geschenke seiner Untertanen, benachbarter Fürsten und Könige zu Bergen: kostbare Stoffe, Gold und Sil-

ber, Perlen und Edelsteine, Ebenholz und Elfenbein, Alabaster, Statuen aus Stein und durchsichtige Gefäße aus Glas. Besonders bewundert werden zwei Löwen aus der Wüste in einem goldenen Käfig.

Ist der König nicht reich und glücklich?

Zufrieden sitzt er mit seiner Familie und seinen Gästen beim Geburtstagsmahl. Auf riesigen Schüsseln tragen Diener herrliche Speisen auf.

Flötenspieler, zierliche Tänzer und Tänzerinnen vertreiben den Gästen die Zeit.

Auch der Gefängnishauptmann ist unter ihnen. Gut gelaunt lässt sich der König von ihm eine Liste der Gefangenen bringen.

Wer seine Strafe verbüßt und wer sich als unschuldig erwiesen hat, soll die Freiheit wiederhaben. Langsam wandern die Augen des Königs über die Namenreihen. Manchmal verdüstert sich sein Gesicht, da und dort macht er ein Zeichen.

Er gibt dem Hauptmann die Liste zurück.

„Sieh zu, dass meine Wünsche sogleich ausgeführt werden!"

Noch in der Nacht bringen Soldaten die Befehle des Hauptmanns ins Gefängnis.

Joseph soll sie ausführen.

Die Begnadigten dürfen das Gefängnis verlassen. Der Henker soll seines Amtes walten.

Die Wünsche des Königs sind unwiderruflich.

Joseph liest die Namen. Drei Tage sind vergangen, seit ihm der Bäcker und der Mundschenk ihre Träume erzählten. Nun wird seine Deutung wahr.

Überglücklich verabschiedet sich der Mundschenk von Joseph. Er darf in den Palast zurück. Der König hat ihm verziehen.

„Wirst du dich meiner erinnern?", fragt Joseph leise.

„Wie sollte ich dich vergessen!"

Joseph ist traurig. Oh, wie sehnt er sich nach Freiheit!

„Ich bin aus dem Lande meines Vaters verkauft worden und auch im Hause Potiphars habe ich nichts Böses getan. Ich bin unschuldig!"

„Ich werde beim König für dich bitten!", verspricht der Mundschenk.

Die Träume des Königs

Pharao, der König, erwacht mitten in der Nacht. Er richtet sich auf. Er lauscht in die Dunkelheit hinaus. Der Wind geht durch die Bäume seines großen Gartens. Durch das geöffnete Fenster sieht er am Himmel die Sterne funkeln.

Ein Traum hat ihn erschreckt.

Er stand am Nil und sah sieben fette

Kühe aus dem Wasser steigen. Sie weideten am Ufer, und das Gras stand hoch und saftig. Doch plötzlich stiegen sieben hässliche magere Kühe aus dem Wasser, und sie fraßen die schönen fetten Kühe auf.
Nur mit Mühe gelingt es dem König, wieder einzuschlafen. Unruhig wirft er sich auf seinem Lager hin und her. In der Morgenfrühe erwacht er zum zweiten Mal.
Er sah im Traum sieben Ähren wachsen aus einem Halm. Sie waren voll und dick. Daneben aber gingen sieben magere Ähren auf, vom Ostwind versengt. Und die sieben mageren Ähren verschlangen die sieben vollen.
Die Träume ängstigen den König. Er findet keinen Schlaf mehr.
Er steht auf und tritt ans Fenster. Weit dehnt sich das Land vor seinen Augen. Am Rande der Wüste geht die Sonne auf.
„Meine Träume", denkt er, „sie sind wie eine Botschaft in einer fremden Schrift. Wer wird sie mir entziffern?"

„Wer meine Träume zu deuten vermag, den will ich reich belohnen", verspricht der König, als er am nächsten Morgen vor seinen Hofstaat tritt.
Von überall werden sie gerufen, die Weisen und Gelehrten, die Wahrsager und Traumdeuter, aus Städten und Dörfern, aus einsamen Hütten und aus Höhlen am Rande der Wüste.
Der eine deutet so, der andere so. Der König spürt ihre Unsicherheit.
Zornig fährt er sie an: „Eure Worte sind leeres Geschwätz!"
Sein Zorn macht sie ängstlich und ihre Reden noch wirrer.
Pharao jagt sie davon.
„Was hilft mir die Macht, was nützt mir mein unermesslicher Reichtum! Nicht einer ist fähig, das Geheimnis meiner Träume zu entwirren!"
Die hohen Beamten meiden ihn. Sie fürchten um ihre Stellung am Hofe und wagen kaum, das Wort an ihn zu richten.
Stundenlang schließt sich der König ein und grübelt vor sich hin. Wie ein Schatten legt sich seine Schwermut über das ganze Land.
Zwei Jahre sind vergangen, seit Joseph die Träume des Bäckers und des Mundschenks deutete. Was er ihnen gesagt hat, ist eingetroffen.
Könnte Joseph vielleicht auch die Träume Pharaos deuten ...?
Der Mundschenk erinnert sich an sein Versprechen. Wie schnell hat er es vergessen, als es ihm wieder gut ging! Er schämt sich.
Bietet sich nicht jetzt Gelegenheit, das Versäumte nachzuholen?
Er lässt sich beim König melden.
Er erzählt, wie es ihm und dem Bäcker im Gefängnis ergangen ist, wie Joseph sie tröstete und wie er ihnen die Träume erklärte.

„Ein junger Mann ist es, aus dem Lande Kanaan, ein Sklave Potiphars und nun der Gehilfe des Hauptmanns im Gefängnis."
Der König horcht auf. „Holt mir diesen Fremdling", befiehlt er, „noch heute will ich mit ihm sprechen!"

„Nein, Joseph, du sollst nicht so vor dem König erscheinen! Hier sind andere Kleider, und den Bart musst du dir scheren", sagt der Hauptmann.
Joseph bleibt ruhig. Die lange Zeit im Gefängnis hat ihn Geduld gelehrt.
Zwei Diener des Königs begleiten ihn durch den Palast. Er achtet weder auf die neugierigen Blicke, die ihm folgen, noch auf die schimmernde Pracht in den Hallen und Sälen.
„Gott", betet er leise, „lass mich deine Kraft spüren! Was du auch mit mir vorhast, lass es mich demütig annehmen!"
Gefasst betritt er den Raum, in dem Pharao ihn erwartet. Ehrfürchtig verneigt er sich und wartet, bis der König das Wort an ihn richtet.
„Bist du Joseph, der Fremdling aus Kanaan?"
„Ja, ich bin es!"
„Mein Mundschenk hat mir von dir erzählt. Ist es wahr, dass du jeden Traum zu deuten weißt?"
„Nicht aus eigener Kraft, sondern mit Gottes Hilfe."
Auf einen Wink des Königs verlassen die Wachen den Saal. Er will allein mit Joseph sprechen.
Noch einmal erzählt der König die Träume von den fetten und den mageren Kühen, von den vollen und den tauben Ähren.
Aufmerksam lauscht Joseph den Worten.
In seinem Herzen ist eine große Stille. Sie macht die Worte durchsichtig und schenkt ihm Klarheit.
„Pharao, deine Träume bedeuten beide dasselbe. Sie sind eine Botschaft und zugleich eine Warnung. Die fetten Kühe und die vollen Ähren bedeuten, dass sieben fruchtbare, gesegnete Jahre über dein Land kommen. Diesen Jahren aber werden sieben Jahre der Dürre folgen. Sie werden dein Land verzehren und ins Unglück stürzen. Sie werden sein wie die sieben hässlichen Kühe und die sieben tauben, vom Ostwind versengten Ähren."
Der König denkt lange nach. Eine Stimme in seinem Innern sagt: „Dieser Fremdling wird deinem Lande helfen. Glaube ihm!"
„Ich danke dir", sagt er. „Eine große Aufgabe steht dir bevor. Bleibe bei mir!"

Am nächsten Morgen versammelt der König seine Beamten, Hauptleute und Minister um sich.
Kaum erkennen sie den König wieder.

Wie zu einem großen Fest ist er gekleidet. Seine Augen strahlen.
Alle spüren, dass etwas Wichtiges bevorsteht.
Neben seinem Thron steht der fremde Jüngling. Die Stimme des Königs ist ernst.
„Was keinem meiner Gelehrten und Wahrsager gelungen ist, hat dieser Jüngling vollbracht. Durch ihn sind mir die Geheimnisse in meinen Träumen offenbar geworden. Sieben reiche, fruchtbare Jahre stehen unserem Lande bevor. Es werden ihnen aber sieben Hungerjahre folgen. Auf seinen Rat soll ein weiser und verständiger Mann darum besorgt sein, dass im ganzen Lande genügend Vorräte gesammelt werden. Es ist eine schwere Aufgabe. Ihn selbst, Joseph, habe ich dafür auserwählt. Ich mache ihn damit zum höchsten Fürsten meines Landes."
Er wendet sich Joseph zu:
„Siehe, ich habe dich über das ganze Land Ägypten gesetzt. Einzig um den königlichen Thron will ich höher sein als du. Mein ganzes Volk soll deinem Wort gehorchen. Vater des Landes sollst du genannt werden."
Atemlos haben alle zugehört.
Nun zieht der König einen kostbaren Ring von seiner Hand und steckt ihn an Josephs Finger. Zwei Diener reichen ihm ein weißes Gewand. Aus der Hand des Schatzmeisters nimmt der König eine schwere goldene Kette und legt sie um Josephs Hals.
„Ich erkläre dich damit zum höchsten Fürsten meines Landes."
Demütig nimmt Joseph die große Ehrung entgegen. Er weiß, dass er die ihm bevorstehende Aufgabe nur lösen kann, wenn Gott mit ihm ist.
Aus der ernsten Stunde wird ein schönes Fest, ein großer und glücklicher Tag.

Die Versöhnung

Wo Joseph hinkommt, jubeln ihm die Menschen zu. Sie feiern ihn als Retter des Landes.
Der König schenkt ihm ein Haus, Pferde und Wagen, Land und Herden.
Er gibt ihm Asnath, die Tochter eines Priesters aus der Stadt On, zur Frau.
Die Hochzeit dauert drei Tage.
Asnath und Joseph haben einander lieb.

Der Regen kommt zur rechten Zeit, der Wind, die Sonne, der Mond und die Sterne.
Die Bäume hängen voller Früchte. Die Äste vermögen die Last kaum zu tragen.
Der Weizen steht hoch, die Ähren sind schwer und voll.
Auf einem Rennwagen, mit vier Pferden bespannt, fährt Joseph durch das

Land. Helfer begleiten ihn, Aufseher, Landwirte und Baumeister.
Manchmal hält er vor einem Weizenfeld an. Er lauscht dem Wind, der die Halme bewegt. Liebevoll bricht er eine Ähre. Mit den Zähnen schält er die Körner aus ihrer Haut. Sie sind hart und schmecken gut. Er steckt die abgebrochene Ähre in die Tasche.
„Kein Körnchen darf verloren gehen“, sagt er.
Wer von dem Überfluss verschwendet, wird bestraft.
Längst sind die Speicher, die Kornkammern und kühlen Keller gefüllt.
„Noch ist es nicht genug“, erklärt Joseph den staunenden Menschen.
Die Baumeister entwerfen immer neue Pläne. Riesige Vorratshäuser werden gebaut.
Wer vermag die Fülle noch zu messen?
„Es muss so sein“, sagt Joseph zu Pharao, „nur zu schnell gehen die sieben fruchtbaren Jahre vorbei.“

Müde von der Arbeit kommt Joseph am Abend nach Hause.
Er steigt auf das Dach hinauf. Rot sinkt die Sonne hinter den Horizont. Dort, wo sie wieder aufgehen wird, ist das Land seines Vaters. Dort ist das Grab seiner Mutter. Dort wohnen seine Brüder.
Was ist wohl aus Benjamin geworden?
Da fasst jemand nach seiner Hand. Es ist Asnath. Sie kennt seinen Kummer.
Ein blauer Ball fliegt durch die Luft. Jauchzen tönt aus dem Garten herauf. Joseph beugt sich über das Geländer der Dachterrasse. Er lächelt. Zwei kleine Jungen winken ihm. Es sind seine beiden Söhne. Der ältere heißt Manasse, der jüngere Ephraim.
„Vater, Vater, spiel mit uns!“
„Ich komme!“, ruft Joseph. Er hat seine Trauer und Müdigkeit vergessen.

Josephs Weissagungen erfüllen sich. Das achte Jahr bringt dem Land keinen Wind, keine Wolken, keinen Regen. Erbarmungslos strahlt die Sonne vom Himmel. Der Wasserspiegel des Nils sinkt von Tag zu Tag. Die Pflanzen verdorren. Die Felder sind leer, die Bäume kahl.
Viele Brunnen trocknen aus. Jeder Tropfen Wasser wird eine Kostbarkeit.
Wie gut ist es, dass der König dem Fremdling vertraut hat! Dankbar denken die Menschen an Joseph, der sie vor Hunger und Tod bewahrt hat.

Nicht nur in Ägypten, sondern auch in den angrenzenden Ländern will die Dürre kein Ende nehmen. Die Menschen haben Hunger. Die Not ist groß.
Jakobs Scheunen und Vorratshäuser

sind leer. Für die Tiere ist kein Futter mehr da. Viele müssen geschlachtet werden.
Seine Söhne haben die Lust zur Arbeit verloren. Die Lieder der Knechte und Mägde sind verstummt. Träge hocken sie im Schatten der Mauern.
Jakob ist bekümmert.
Auf einen Stock gestützt, geht er über den Hof. Jakob ist alt geworden.
Seine Enkelkinder betteln um Brot.
Wo soll er es hernehmen?
Nach Sonnenuntergang versammelt er seine Familie um sich. Prüfend geht sein Blick über die Reihe seiner Söhne. Ach, immer wird ihm der eine fehlen …
„Seit Monaten hoffen wir vergeblich auf Regen“, sagt er. „Unsere Speicher sind leer, und die Kinder schauen mich an wie Bettler. Wir müssen etwas unternehmen. Man hat mir erzählt, dass es in Ägypten noch Getreide zu kaufen gibt. Brecht auf, bevor die Sonne aufgeht, nehmt die letzten und besten Esel aus dem Stall, zieht hinab ins fremde Land!“
„Ja, Vater!“ Gehorsam beugen sich die Söhne seinem Willen.
„Du, Benjamin, bleibst hier. Es könnte dir ein Unglück geschehen wie deinem Bruder Joseph. Ich will dich nicht verlieren.“
Bei diesen Worten des Vaters senken die Männer ihre Köpfe. Die Schamröte steigt heiß in ihre Gesichter.

Joseph ist mit den Vorräten umsichtig und gerecht. Keiner soll verhungern, es soll auch keiner zu viel bekommen.
„Herr, zehn Männer aus dem Lande Kanaan sind da und wollen Getreide kaufen“, meldet ein Diener.
Er sieht nicht, wie Joseph bei dem Worte Kanaan erschrickt.
„Ja“, sagt er, „ich will ihre Bitten selber prüfen. Führt sie herein!“
Könnten es nicht seine Brüder sein?
Sie sind es.
Es ist schwer, das heftige Pochen des Herzens zu verbergen. Josephs Hände klammern sich um die Lehnen des Sessels.
Seine Augen suchen Benjamin. Er ist nicht dabei.
„Woher kommt ihr? Wer seid ihr?“, lässt er sie durch einen Dolmetscher fragen. Die Sprache soll ihn nicht verraten.
Sie fallen vor ihm auf die Knie.
„Herr, wir kommen aus dem Lande Kanaan. Mensch und Vieh leiden große Not.“
Denkt Joseph an den schrecklichen Tag, als sie ihn schlugen, in eine Grube warfen und verkauften? Will er sich rächen?
Hart fährt er sie an: „Ich glaube euch nicht!“
„Herr, wir sind gekommen, um Getreide zu kaufen!“
„Ich glaube euch nicht“, sagt Joseph noch einmal, „Spione seid ihr, Kundschafter eines fremden Herrschers, der unser Land überfallen will.“
Die Brüder bekommen Angst. Warum verdächtigt man sie?
Ruben ergreift das Wort:
„Wir sind alle eines Mannes Söhne. Wir sind zwölf Brüder. Unser Vater heißt Jakob. Benjamin, der Jüngste, ist bei ihm geblieben und einer ist nicht mehr da.“
„Wie wollt ihr mir beweisen, dass ihr die Wahrheit sprecht?“
Noch nie hat der Dolmetscher, der Josephs Worte übersetzt, den Fürsten so zornig gesehen.
„Werft die Männer ins Gefängnis“, befiehlt er den Wachsoldaten, „es sind Lügner und Spione.“

Nach drei Tagen lässt Joseph seine Brüder wieder zu sich kommen.
„Geht nach Hause zurück“, sagt er, „holt euren jüngsten Bruder! Einer von euch bleibt inzwischen hier. Ich will prüfen, ob ihr die Wahrheit gesagt habt.“
Vor ihren Augen lässt Joseph Simeon fesseln.
„Das ist die Strafe, weil wir uns an Joseph versündigt haben.“
„Nun müssen wir dafür büßen und seine Angst selbst erleiden.“
Joseph versteht jedes ihrer Worte. Ohne sie anzusehen, wendet er sich ab und verlässt das Zimmer. Niemand soll die Tränen in seinen Augen sehen.

In einer Herberge nahe der Grenze halten die Brüder einige Stunden Rast. Sie sind müde und hungrig. Die Sonne brennt. Die ganze Nacht und den Morgen sind sie gewandert.
Vor ihrer Abreise hat Joseph ihre Säcke mit Korn füllen lassen. Sie haben ihm dafür ihr Geld gegeben.
Die Esel sind vom Tragen der schweren Last erschöpft.
Ruben führt die Tiere in den Stall. Er nimmt ihnen die Säcke ab. Mit einem Tuch reibt er ihre schweißbedeckten Felle trocken.
„Brave Tiere", sagt er, „ohne euch hätten wir nicht so viele Meilen zurückgelegt. Ihr habt eine Hand voll Getreide verdient."
Er öffnet einen der Säcke. Auf den Körnern liegt eine kleine Leinentasche. Sie klirrt in seiner Hand. Ruben erschrickt.
Geld! Zehn große, glänzende Silberstücke. Das Geld aus Vaters Truhe!
Er rennt in die Gaststube.
„Kommt!", sagt er hastig zu seinen Brüdern.
Mit erregter Stimme erzählt er ihnen von seiner Entdeckung.
Im Stall untersuchen sie auch die anderen Säcke. In jedem finden sie das Geld wieder, das sie dafür bezahlt haben.
Ratlos schauen sie einander an.
Man hat sie als Spione verdächtigt, ins Gefängnis geworfen, Simeon zum Pfand zurückbehalten ... und jetzt ... jetzt finden sie ihr Geld wieder! Stumm und unheimlich liegt es in ihren Händen.
Verwirrt kehren sie in die Gaststube zurück.

„Wie ist es euch in Ägypten ergangen? Wo ist Simeon?"
Staunend lauscht Jakob den Erzählungen seiner Söhne. Kopfschüttelnd betrachtet er das Geld, das sie ihm zurückgebracht haben

„Wer mag dieser Mann sein, dem es gelungen ist, ein ganzes Volk vor Hunger zu bewahren, ein Mann, den die Menschen verehren wie den König selbst?"
„Wir müssen bald zurück, Vater", sagt Ruben, „wir müssen Benjamin mitbringen, um Simeon auszulösen. Er wird uns sonst nicht glauben, dass wir keine Spione sind, sondern Brüder und eines Vaters Söhne."
„Benjamin?" Jakobs Stimme zittert.
„Joseph ist nicht mehr zurückgekommen, Simeon ist nicht mehr zurückgekommen! Soll ich alle meine Söhne verlieren?"

Das aus Ägypten mitgebrachte Getreide ist aufgebraucht. Die Kinder streiten um jeden Bissen Brot. Der Hunger macht sie krank und böse.
„Vater, vertraue mir!", bittet Ruben.

„Wir müssen zurück nach Ägypten. Wir müssen unser Wort halten!“
„Warum nur habt ihr dem Mann gesagt, dass ihr noch einen Bruder habt?“, klagt Jakob.
„Vater, ich verspreche dir, Benjamin gesund wiederzubringen. Nie werde ich zulassen, dass Benjamin etwas geschieht!“
„Sollen wir Simeon etwa dem Schicksal überlassen?“, beschwört auch Juda den Vater.
„Simeon ist stark und weiß sich zu wehren“, versucht Jakob einzuwenden.
Juda gibt nicht nach.
„Nach allem, was uns in Ägypten widerfahren ist, können wir nicht ohne Benjamin zurückkehren. Ich will Bürge für ihn sein. Bitte lass uns ziehen!“
Kaum erkennt Jakob seine Söhne wieder. Sie sind nicht mehr wie früher. Ihre eindringlichen Worte gehen ihm zu Herzen.
Haben Not und Kummer sie so verändert? Manchmal scheint es ihm, als hätten sie eine schwere Last zu tragen.
„Geht in Gottes Namen!“, sagt er.

„Nehmt dem hohen Herrn in Ägypten Geschenke mit! Es ist nicht viel, was uns übrig geblieben ist, ein wenig Gewürze, Honig, Datteln und Mandeln. Bringt ihm auch das Geld zurück!“, ermahnt Jakob seine Söhne.
Der Abschied von Benjamin fällt ihm schwer.
„Vater, um mich brauchst du keine Angst zu haben! Ich bin kein Kind mehr!“ Hat Jakob die gleichen Worte nicht schon einmal gehört?
Mit Tränen in den Augen schaut er ihm nach.
„Gott, behüte ihn auf der Reise! Er ist der Trost meines Alters. Lass den Mann in Ägypten barmherzig sein! Lass ihn gesund zurückkommen.“

Josephs Ungeduld wächst mit jedem Tag.
Werden seine Brüder wiederkommen? Werden sie Benjamin mitbringen? Vielleicht ist dem Vater etwas zugestoßen. Er ist alt, er könnte sterben ...
Seit Joseph seine Brüder wiedergesehen hat, quält ihn das Heimweh.
Er erzählt seinen Söhnen Manasse und Ephraim aus seiner Kindheit, von Jakob, seinem Vater, von dem schönen Hof, von den vielen Tieren, von Benjamin, von seiner Schwester Dina und den anderen Brüdern.

Nach ihrer Ankunft in Ägypten lassen sich die Brüder sogleich bei Joseph melden. Noch sind sie erschöpft und ihre Kleider und Gesichter von Staub bedeckt.
„Führe sie in mein Haus“, befiehlt Joseph seinem Hausverwalter, „ich will mit ihnen speisen. Beruhige sie, wenn

sie sich fürchten. Reiche ihnen frisches Wasser und sorge für sie."

Scheu und befangen betreten die Brüder Josephs Haus.

Sie sind gekommen, um ein Versprechen einzulösen und um Getreide zu kaufen, und nun werden sie wie Gäste empfangen.

In einem großen hellen Zimmer liegen auf einem Tisch zwölf Gedecke.

Ein Diener führt Simeon herein. Nur flüsternd wagen sie ihn zu begrüßen.

Plötzlich öffnet sich die Tür.

In einem einfachen weißen Kleid betritt Joseph den Raum.

Sie fallen auf die Knie.

„Erhebt euch!", sagt Joseph freundlich. Seine Augen ruhen auf Benjamin. Wieder lässt er seine Worte durch einen Dolmetscher übersetzen.

„Ist das Benjamin, euer jüngster Bruder?"

„Ja, Herr, er ist es. Wir sind gekommen, um Simeon auszulösen und um das Geld wiederzubringen. Wir wissen nicht, wer es uns in die Säcke gesteckt hat. Wir haben nichts Böses getan."

„Wie geht es eurem Vater? Lebt er noch?"

Die Männer nicken.

„Ja, es geht ihm gut, trotz seines Alters."

Ehrfürchtig schaut Benjamin den hohen Herrn an. Joseph spürt den Blick. Er hat die Augen Rahels, unserer Mutter, denkt er und legt ihm die Hand aufs Haar.

„Gott sei dir gnädig!"

Jäh wendet er sich ab und verlässt das Zimmer. Die Brüder schweigen verwirrt und fürchten sich von neuem.

Der Anblick Benjamins hat Josephs Herz aufgewühlt. Er weint.

Aber noch will er sich nicht zu erkennen geben, bevor er nicht sicher ist, dass seine Brüder ihre Tat bereuen.

Er wäscht sich das Gesicht und die vom Weinen geröteten Augen. Gefasst tritt er wieder unter sie. Das Essen wird aufgetragen. Genau dem Alter nach lässt er sie um den Tisch sitzen, Ruben zu seiner Linken, Benjamin zu seiner Rechten.

Er lächelt über ihre verwunderten Blicke.

Es ist lange her, seit die Brüder ein so gutes Essen bekommen haben. Der Wein macht sie fröhlich.

Immer wieder bittet Joseph sie, von daheim, vom Hof, vom Vater, von den Knechten und Mägden zu erzählen.

Ist es nicht sonderbar, was der hohe Fürst Ägyptens alles wissen will?

Joseph lauscht seiner Muttersprache. Wie süß tönt sie in seinen Ohren!

Vor seinem Platz liegen die bescheidenen Geschenke, die Gewürze, der Honig, die Mandeln und Datteln. Sie sind ihm lieber als das Gold Pharaos.

Benjamin hat seine Scheu verloren. Glücklich gibt er auf Josephs Fragen Antwort. Es ist ihm, als würde er diesen Mann schon lange kennen.
Joseph fordert ihn auf, von den Speisen zu essen, ja er selbst nimmt die besten Stücke von den Platten und legt sie auf Benjamins Teller. Sogar aus seinem goldenen Becher lässt er ihn trinken.
Froh machen sich die Brüder nach dem köstlichen Mahl auf den Heimweg.
Nun können sie ruhig vor den Vater treten.
Benjamin ist gesund und heil. Auch Simeon darf mit ihnen zurückkehren. Die Esel sind ausgeruht. Sie tragen die großen Säcke mit Getreide.

Die Stadt liegt hinter ihnen. Benjamin dreht sich immer wieder nach ihr um. Noch erkennt man die Dächer, Kuppeln und Türme. Wie viel Wunderbares hat er erlebt! Sein Herz ist erfüllt davon.
Plötzlich tauchen am Horizont Reiter auf. Sie kommen näher. Wer mag das sein?
Benjamin macht die Brüder darauf aufmerksam. „Nein, es ist keine Karawane, es sind keine Händler", meint einer, „sie nähern sich zu schnell."
„Eine Staubwolke steigt hinter ihnen auf. Es sind Soldaten auf kleinen dunklen Pferden."
„Schon kann man ihre Rüstungen erkennen. Die Helme flammen im Licht der sinkenden Sonne wie Gold."

Die Brüder bleiben stehen.
„Das sind sie!", ruft der vorderste Reiter.
Die jäh gezügelten Pferde bäumen sich auf. Der Sand spritzt unter ihren Hufen hervor.
Drohend stellen sich die Soldaten vor den verwunderten Brüdern auf. Der Hausverwalter Josephs ist unter ihnen.
„Ihr Elenden!", fährt er sie an. „Wer von euch hat den Becher meines Herrn vom Tisch gestohlen?" Fassungslos starren die Brüder ihn an.
„Wie kann der Fürst so etwas von uns denken! Haben wir nicht das Geld, das in unsern Säcken lag, wiedergebracht? Untersucht alles! Wenn ihr bei einem von uns den Becher findet, soll er sterben, und wir anderen wollen eure Knechte sein."
„Öffnet die Säcke!", befiehlt der Verwalter den Soldaten.
Stumm sehen die Brüder zu, wie Sack um Sack aufgerissen wird.
„Hier ist er!", schreit plötzlich einer der Soldaten.
Triumphierend hält er Josephs Becher in die Höhe.
„Wessen Sack ist es?", fragt der Verwalter.
Die Brüder erbleichen, zu Tode erschrocken.
Es ist Benjamins Sack!
Laut schluchzen sie auf. Vor Schmerz zerreißen sie ihre Kleider.
„Fesselt ihn!", sagt der Verwalter und zeigt auf Benjamin.
Verzweifelt kehren sie hinter dem gefesselten Jüngsten in die Stadt zurück.

Durch die Dämmerung gelangt der traurige Zug vor Josephs Haus. Er sieht ihn von weitem kommen.
Er empfängt die Brüder mit den Worten: „Ihr habt Gutes mit Bösem vergolten. Warum habt ihr das getan?"
„Herr, wie sollen wir reden vor dir? Wir können nicht verstehen, was geschehen ist. Es ist uns ein großes Rätsel. Womit sollen wir uns rechtfertigen? Wir wollen deine Knechte sein."
Zum letzten Mal will Joseph die Gesinnung seiner Brüder prüfen. Er war es, der den Becher in Benjamins Sack legen ließ.
„Sorgt euch nicht", sagt er, „ihr dürft ungestraft nach Hause ziehen. Nur der, bei dem der Becher gefunden wurde, soll hier bleiben. Wie sollte ich denn alle für einen bestrafen!"
Es ist Juda, der mit leiser, aber entschlossener Stimme sagt: „Nie werden wir ohne Benjamin zurückkehren! Hast nicht du uns gesagt, wir sollen unsern Jüngsten zu dir bringen? Wir haben es getan. Ich bin Bürge für ihn. Unser Vater ist alt. Er trägt Leid um seinen Sohn Joseph, an dem wir großes Unrecht begangen haben. Benjamin ist sein Trost. Er würde sterben, wenn wir ohne ihn nach Hause kä-

men. Nie mehr könnten wir froh werden. Lass mich an seiner Stelle hier bleiben!"
Joseph spürt die flehenden Blicke der Brüder auf sich gerichtet. „Wirst du uns glauben? Wirst du Judas Bitte erfüllen?", fragen sie ihn.
Nun weiß er, dass auch sie sich gewandelt haben. Er kann seine Tränen nicht mehr zurückhalten; er will sich nicht länger verstellen.
„Lasst mich allein mit diesen Männern", sagt er zu den Umstehenden, „ich habe mit ihnen zu reden!" Der Dolmetscher zögert.
„Ich brauche dich nicht mehr."

Es ist still geworden. Die Brüder halten den Atem an.
„Ich bin Joseph!"
„Ich bin Joseph!" Unbegreiflich steht dieses Wort in der Stille.
Nur Benjamin springt auf.
„Joseph!"
„Joseph, Joseph, mein lieber Bruder!"
Vor Glück weint er in seinen Armen.
Joseph spürt, wie die anderen sich noch vor ihm fürchten. Der Schreck hat sie gelähmt.
„Kennt ihr mich nicht mehr?", fragt er. „Warum kommt ihr nicht her zu mir? Warum begrüßt ihr mich nicht? Ich habe euch längst verziehen!"

„Josephs Brüder sind da! Er hat sich mit ihnen versöhnt!"
Wie ein Lauffeuer verbreitet sich die Nachricht in der Stadt.
Der König ist glücklich. Endlich kann er dem Retter des Landes etwas schenken, mehr als Besitz und Reichtum. Noch fünf Jahre wird die Hungersnot dauern. In Ägypten aber wird kein Mangel sein.
Pharao lässt Joseph zu sich kommen. Sie sind Freunde geworden.
„Joseph", sagt er, „deine Brüder sollen nicht nur deinen Vater hierher nach Ägypten bringen, auch ihre Familien, alles, was sie haben. Nein, nicht nur zu Besuch! Ich will euch das Land Goschen schenken. Es ist weit und fruchtbar. Es soll deinem Vater und deinen Brüdern eine neue Heimat werden. Solange ich lebe, soll deine Familie unter meinem Schutz stehen."
Dankbar nimmt Joseph das Geschenk des Königs an.

Was wird Jakob sagen?

Nicht mehr mit den Eseln, sondern auf Wagen, bespannt mit starken Pferden aus dem Stall des Königs, fahren die Brüder nach Hause. Der schönste Wagen soll den Vater ins Land Ägypten bringen.
„Joseph lebt!"
„Ist es wirklich wahr?", fragt Jakob immer wieder. Es fällt Jakob schwer, seinen Söhnen zu glauben.
„Komm doch, Vater, und sieh dir die

Wagen an“, sagt Benjamin. Stolz zeigt er die Geschenke, die Joseph ihm vor der Abreise gemacht hat, dreihundert glänzende Silberstücke, fünf Feierkleider und Getreide und Speise für die ganze Familie.
Jakob lächelt über die Freude und den Eifer seines Jüngsten. Wagen, Feierkleider und Geld sind nicht mehr wichtig für ihn. Er ist hundertdreißig Jahre alt. Sein Haar ist weiß, sein Rücken gebeugt. Sein Herz ist müde, und die Augen sind beinahe blind. Er weiß, dass er bald sterben muss. Alle Worte, die Joseph gesagt hat, muss ihm Benjamin wiederholen. Sie schenken ihm neue Kraft.
„Ich will hingehen und ihn sehen!“, sagt er.

Mit allem, was er besitzt, zieht Jakob nach Ägypten. Der Zug ist lang. Den Pferden und Wagen folgen die schwer beladenen Esel und die noch vom Hunger verschonten Herden mit ihren Hirten.
An der Grenze lässt Jakob anhalten und die Zelte aufschlagen. Wehmütig schaut er zurück.
Hat er recht getan, Haus und Hof zu verlassen?
Er bringt Gott Opfer dar, bevor sein Fuß das fremde Land betritt.
Sein größter Wunsch, Joseph zu sehen, soll in Erfüllung gehen. Und wenn es nicht wahr wäre? In der Nacht hört Jakob seinen Namen rufen.
„Jakob! Jakob!“
„Hier bin ich.“
„Fürchte dich nicht, nach Ägypten hinabzuziehen! Joseph lebt. Er soll seine Hände auf deine Augen legen. Ich bin mit dir und deinem Hause und will dich behüten, wo du auch hingehst. Ich will dich zu einem großen Volke machen.“
Es ist Gottes Stimme. Sie nimmt jeden Zweifel von ihm.

Joseph kann die Ankunft seines Vaters kaum noch erwarten. Asnath und seine Kinder freuen sich mit ihm.
Wenn ihm unterwegs nur kein Leid zustößt, denkt Joseph. Ich will ihm entgegenfahren.
Von weitem sieht er den Zug über der Hügelkuppe auftauchen.
Er treibt das Pferd an.
Benjamin, der neben dem Wagen des Vaters reitet, legt die Hand über die Augen.
„Da kommt jemand. Er scheint es eilig zu haben!“
Jakob erhebt sich im Wagen.
Ein Leuchten geht über sein greises Gesicht.
Er sagt: „Meine Augen sind schwach. Doch mein Herz sieht gut.“
Er weiß, dass es Joseph ist.
Weit breitet er die Arme aus, um ihn zu empfangen.

Mose

Mose im Palast des Königs

„Mose, bring dem Vater das Essen“, sagt die Mutter.
Mose nickt.
Heute muss ihn die Mutter nicht drängen. Er nimmt den Korb und macht sich auf den Weg.
Im Schatten zwischen den braunen Lehmhütten spielen Kinder.
Sie winken und rufen.
„Mose! Mose!“
Mose winkt zurück, aber zum Spielen hat er keine Lust. Morgen ist sein fünfter Geburtstag, und die Mutter wird ihn zur Prinzessin bringen. Es ist für Mose schwer zu verstehen, warum er seine Eltern und Geschwister für immer verlassen muss.
Er hat Angst.
Was wird ihn im Palast Pharaos erwarten?
„Die Prinzessin wird für dich sorgen“, hat ihm die Mutter erklärt.
Die Stimme eines ägyptischen Vogtes weckt Mose aus seinen Gedanken auf. Er ist bei der Ziegelei angekommen. Mit einer Peitsche treibt der Vogt die Arbeiter zur Eile an. Der große Wagen soll noch vor der Mittagspause mit Ziegeln beladen werden.
Unter den Arbeitern ist auch Amram, der Vater von Mose. Er trägt die Ziegel an einem Joch. Der Schweiß rinnt über sein Gesicht. Unter der schweren Last lächelt er seinem Jüngsten zu.
„Nicht stehen bleiben! Los! Beeil dich!“, schreit der Vogt.
Warum darf dieser Mann so mit seinem Vater reden?

In der Mittagspause setzt sich der Vater mit Mose in den Schatten einer Mauer. Bedächtig bricht Amram das Brot. Die Mutter hat ein großes Stück Fleisch, Lauch und rohe Zwiebeln dazugelegt.
„Iss mit!“, sagt er.
Mose schüttelt den Kopf.
Auch die frische Melone, die der Vater mit ihm teilt, schmeckt ihm heute nicht.
Der Vater weiß warum.
Er streicht Mose übers Haar.
„Heute Abend werde ich dir eine Geschichte erzählen“, verspricht er ihm.

„Nicht als Sklaven“, so erzählt der Vater, „sondern als Gäste sind unsere Vorfahren in Ägypten empfangen worden. Die Landschaft Goschen, in der wir Hebräer wohnen, war das Geschenk eines Königs an die Familie Jakobs. Aber seit Joseph, der Lieblingssohn Jakobs, von seinen Brüdern nach Ägypten verkauft wurde, seit er die Träume des Königs deutete und damit das Land vor einer Hungersnot bewahrte, sind mehr als vierhundert Jahre vergangen. Die Familie Jakobs hat sich in dieser langen Zeit vermehrt und ist zu einem Volk geworden.

Der König hasst uns, weil wir zu stark geworden sind.
Um uns zu schwächen und zu quälen, bürdet er uns schwere Arbeiten auf. Früher waren wir freie Hirten, jetzt sind wir Sklaven der Ägypter und arbeiten für sie auf den Feldern, in den Ziegeleien und auf den Bauplätzen …“
„Am liebsten würde der König uns alle umbringen“, sagt der Vater bitter, „aber er braucht uns.“ Amram erzählt seinen Kindern auch von dem unsichtbaren Gott, an den er glaubt. Er will diesen Glauben bewahren und seinen Kindern weitergeben.
„Gott hat mit unseren Vorfahren Abraham, Isaak und Jakob einen Bund geschlossen“, sagt er. „Gott wird uns beistehen.“
„Warum hilft er dir denn nicht?“, fährt Mose zornig auf. Er hat den Vogt in der Ziegelei nicht vergessen. Vor Erregung stottert er.
Amram schließt Mose in die Arme. „Gott weiß warum“, sagt er.

Mose liegt wach.
Neben ihm schläft Aaron, sein älterer Bruder.
Mose versucht zu begreifen, was der Vater erzählt hat. „Am liebsten würde der König uns alle umbringen …“
Auch Mose wäre jetzt nicht mehr am Leben, wenn die Prinzessin ihn nicht gerettet hätte. Es ist nun bald fünf Jahre her. Mose war drei Monate alt. Der König hatte seinen Soldaten den Befehl erteilt, alle neugeborenen Hebräerknaben in den Nil zu werfen. Mit ihren Schwertern in der Hand durchsuchten sie die Häuser. Kein Versteck war vor ihnen sicher.
In der Verzweiflung nahm die Mutter einen Binsenkorb, strich ihn mit Pech und Harz aus, bettete Mose hinein und schickte Mirjam, das älteste ihrer drei Kinder, damit an den Fluss hinunter. Mirjam legte den Korb ins Schilf. Als sie auf einmal Stimmen hörte, versteckte sie sich hinter einem Gebüsch.
Die Prinzessin, begleitet von ihren Dienerinnen, wollte im Nil baden. Plötzlich fing Mose an zu weinen. Die Prinzessin entdeckte den Korb und ließ ihn aus dem Wasser ziehen.
„Schaut!“, rief sie aus. „Schaut seine Füßchen, seine Hände, die winzigen Zehen und Fingerchen! Es hat die helle Haut eines hebräischen Kindleins. Mein Vater darf es nicht töten! Wenn ich es doch behalten könnte!“
„Es ist noch zu klein“, wandte eine der Dienerinnen ein, „es braucht die Milch einer Mutter.“
Mirjam hatte alles gehört. Schnell trat sie hinzu und sagte: „Ich kenne eine Frau, die das Kind nähren und großziehen könnte, Jochebed, die Frau Amrams, eines Hebräers! Soll ich sie holen?“

Ohne es zu ahnen, gab die Prinzessin Mose seiner Mutter zurück.
„Wenn er fünf Jahre alt ist, will ich ihn zu mir in den Palast nehmen und wie einen eigenen Sohn erziehen", sagte sie zu Jochebed. „Ich habe ihn gerettet, ich habe ihn aus dem Wasser gezogen. Sein Name soll mich immer daran erinnern. Er soll darum Mose heißen."

Jochebed zieht ihr Festgewand an. Mose ist frisch gebadet und gekämmt. Er trägt einen neuen Lendenschurz. Mirjam hat ihn gewebt. Auf seiner schmalen Brust liegt die goldene Kette mit dem Sonnenzeichen. Sie ist ein Geschenk der Prinzessin.
Aaron und Mirjam stehen unter dem Eingang zur Hütte.
Sie nehmen Abschied von ihrem Bruder.
Mirjam ist traurig. Wird sie den Kleinen wiedersehen? Fünf Jahre lang hat sie ihn gehütet und umsorgt.
Die Mutter drängt zum Aufbruch.
„Aaron, vergiss nicht, dem Vater das Essen zu bringen", sagt sie, „ich komme erst am Nachmittag wieder zurück."
In einem kleinen Ruderboot fährt sie mit Mose über den Nil.
Im Wasser entdeckt Mose sein Spiegelbild. Er versucht zu lächeln.
„Ich fürchte mich nicht", sagt er sich.
Vor den Treppen, die zu dem weißen Königspalast hinaufführen, legt die Mutter an und bindet das Boot fest.
„Weg mit dir!", fährt der Palastwächter die Hebräerin an.
Drohend steht er mit seinem Schwert vor ihr. Die Mutter zeigt auf die goldene Kette, die Mose um den Hals trägt.
Der Mann weicht zurück, verneigt sich und macht den Wächtern ein Zeichen.
Das breite Tor öffnet und schließt sich wieder. Sie sind im Garten des Palastes.
Vor blühenden Hecken steigen Springbrunnen auf. Aus den Blättern der Orangen- und Zitronenbäume leuchten die reifen Früchte. Zum ersten Mal hört Mose den heiseren Schrei eines Pfaus.
Er greift nach der Hand der Mutter und lässt sie nicht mehr los, bis sie vor der Prinzessin stehen.

Mose erkennt die Prinzessin kaum wieder.
Wenn sie ihn besuchte, trug sie ein einfaches weißes Gewand. Jetzt sind ihre Augenlider blau geschminkt. An ihren Arm- und Fußgelenken klirren goldene Spangen, und die hohe Perücke ist mit Edelsteinen verziert.
Sie umarmt Mose.
Ihre Haut duftet nach Blumen.
„Mose, ich habe dich aus dem Wasser gezogen", lächelt sie. „Hast du mich

lieb? Freust du dich, von nun an bei mir zu wohnen? Gefällt es dir hier?"
Mose antwortet nicht.
Am liebsten würde er sich hinter dem Rücken seiner Mutter verstecken.
„Er wird sich schnell an das neue Leben gewöhnen", sagt die Prinzessin.
Jochebed steht schweigend da.
„Du kannst gehen", sagt die Prinzessin freundlich, „du hast deine Aufgabe erfüllt."
Sie zieht einen Ring von ihrem Finger.
„Nimm ihn", sagt sie, „er soll dich an deinen Pflegesohn erinnern."
„Danke, Prinzessin!"
Jochebed dreht sich um und verlässt den Raum. Sie weint.
Mose starrt ihr nach. Er will wieder heim ... Aber die Prinzessin nimmt ihn bei der Hand.
„Komm, ich zeige dir den Palast und die Räume, wo du in Zukunft schlafen wirst."

Mose wehrt sich

„Er ist klug und wissbegierig", melden die Lehrer der Prinzessin, „er hat einen starken Willen und Sinn für Gerechtigkeit. Aber er kann auch zornig werden."
Die Lehrer sind Priester Atons, des Sonnengottes. Sie tragen lange weiße Kleider und ihre Köpfe sind kahl geschoren. Sie sind gütig und weise.
Mose verehrt sie.
Sie lehren ihn den geheimen Sinn der Zahlen kennen. Sie unterrichten ihn im Lesen und Schreiben, in der Baukunst und der Heilkunde. Auch Musik und Tanz gehören zu seinem Studium.
„Mose, du wirst ein großer Feldherr werden", prophezeit ihm der alte Offizier, der ihm zeigt, wie man mit Waffen und Pferden umgeht.
Mit seinem kleinen Rennwagen rast er über die Parkwege.
„Nicht zu wild!", mahnt der Lehrer, wenn der Wagen in den Kurven nur noch auf einem der beiden Räder steht.
Mose lacht. Er hat keine Angst.
Aus dem Fenster ihres Gemaches schaut die Prinzessin zu. Sie ist stolz auf ihren Sohn, den Findling.
Auch Moses Spielkameraden bewundern seinen Mut und seine Klugheit. Mit ihnen spielt er Ball, schwimmt und läuft er um die Wette. Es sind die Söhne der Fürsten und Minister. Der Palast ist voll von königlichen Beamten.
Unzählig sind auch die Diener und Dienerinnen.
Mose braucht nur in die Hände zu klatschen und schon stehen sie zu seiner Verfügung.
Zwei schwarze Leibwächter sind dauernd in seiner Nähe.
„Wer dem Prinzen etwas geschehen

lässt, bezahlt es mit seinem Leben“, droht die Prinzessin.

Mose lebt nun schon viele Jahre in dem königlichen Palast. Er hat seine frühe Kindheit vergessen.
Aber manchmal träumt er.
Er sitzt in einem niedrigen Raum auf der Erde. Er bewacht das Feuer im offenen Herd. Auf den weiß gekalkten Wänden spielen die Schatten der Flammen. Er versucht, die bauchigen Krüge auf dem Holzgestell zu zählen. Es gelingt ihm nicht. Er versucht es wieder und wieder ...
„Mutter!“, schreit er und erwacht.
Niemand ist da, der sich über ihn beugt und die Hand auf seine Stirn legt.
Wer ist seine Mutter?
Die Prinzessin oder jene Frau, an deren Gesicht er sich manchmal dunkel erinnert?
Durch das geöffnete Fenster dringt der Duft blühender Sträucher und Bäume. Rund steht der Mond über dem breiten, ruhig dahinfließenden Nil. Längs der Palastmauer ertönen die gleichmäßigen Schritte der Wächter.
Leise steht Mose auf und geht zum Schrank. Dort hat er eines Tages in einem Fach ein kleines, weißes Lendentuch entdeckt.
Er nimmt es in die Hand.
Es muss einem kleinen Jungen gehört haben.
Wie sah er aus? Wo kam er her?
Mose versucht, sich zu erinnern.
Aber sein Herz ist wie ein blinder Spiegel.

Mit anderen Prinzen und jungen Fürsten steht Mose vor dem König.
Pharao trägt die gekräuselte Perücke, den breiten Halsschmuck, den goldenen Gürtel, die königlichen Waffen.
Vor ihm liegen die Berichte der Lehrer und Waffenmeister.
Keiner ist so gut wie der von Mose.
„Nun könnt ihr beweisen, was ihr gelernt habt“, sagt der König. „An der südlichen Grenze steht ein Heer der Nubier und bedroht uns. Jagt sie zurück!“
Von einem erfahrenen Feldherrn nehmen die jungen Männer die Waffen in Empfang: einen Schild, Pfeile und Bogen, den langen Wurfspeer und ein Schwert.
Der König kann sich auf ihren Mut und ihre Tapferkeit verlassen.
Erfolgreich kehren die Ägypter aus der Schlacht zurück.
Auf seiner Prunkbarke gibt der König den jungen Offizieren ein Fest.
Die Tische sind mit Blumen und Früchten geschmückt.
Auf goldenen Platten werden Fische, gebratene Lämmer und Gänse aufgetragen.
Aus hohen Krügen gießt der Mundschenk Wein und kühles Bier in die

Becher. Der königliche Bäcker hat Torten gebacken, groß wie Räder.
Auf den vielen Schiffen, die die königliche Barke begleiten, warten Musiker, Tänzer und Tänzerinnen, Akrobaten und Spaßmacher darauf, die Gäste zu unterhalten.
Zufrieden sitzt der König zwischen seidenen Kissen. Ein Diener fächelt ihm mit Pfauenfedern Kühlung zu.
In dichten Scharen steht das Volk am Ufer und jubelt. Für die Ägypter ist Pharao ein Sohn der Sonne, ein Gott. Die Gäste essen, trinken, singen und lachen. Nur Mose bleibt nachdenklich. Was er auf dem Feldzug gesehen und erlebt hat, lässt ihm keine Ruhe mehr. Es ist eine andere Welt als die hinter den Mauern des Palastes. In den Straßen der Städte gibt es Bettler, Krüppel und Aussätzige. Auf den Feldern, in den Ziegeleien und auf den Baustellen arbeiten tausende von Hebräern. Erbarmungslos werden sie von ägyptischen Vögten zur Arbeit angetrieben und gehetzt. Hat er das nicht schon einmal gesehen?

Mose kümmert sich nicht mehr um das Gebot des Königs, den Palast nur mit seiner Einwilligung und mit einer Leibwache zu verlassen.
Auf der Straße spricht er mit Kaufleuten und Handwerkern. Er sieht die hebräischen Sklaven bei der Arbeit. Er besucht die Ziegeleien und Bau-

plätze, wandert stundenlang über die Felder.
Eines Tages beobachtet er eine hebräische Mutter.
Sie sitzt auf der Schwelle ihres Hauses. Sie hält ihr Kind im Arm und fängt an zu singen.
Es ist ein Wiegenlied.
Mose staunt.
Er kennt es. Jedes Wort ist ihm vertraut. Woher? Der blinde Spiegel in seinem Innern wird plötzlich klar, und auf dem Grunde liegt seine frühe Kindheit, die Lehmhütte mit den Krügen, die er zu zählen versucht, Aaron, der Bruder, Mirjam, die große Schwester, Jochebed und Amram, seine Eltern ...
Was Mose dunkel geahnt hat, wird Gewissheit. Er ist kein ägyptischer Prinz.
Er ist einer von ihnen, ein Sklave, ein Hebräer.
Er will versuchen, ihnen zu helfen. Warum werden sie von den Ägyptern gequält und erniedrigt?
Soll er mit dem König reden?

Es ist Abend.
Mose ist auf dem Weg zum Palast. Was er auf seinen heimlichen Ausflügen auf den Feldern, den Straßen, den Bauplätzen zu sehen bekommt, beschäftigt und erregt ihn.
Plötzlich hört er einen Schrei.
Er geht ihm nach.
„Ich will dich lehren zu faulenzen und zu murren“, hört Mose einen ägyptischen Vogt schimpfen.
Mit einem Stock schlägt er auf einen jungen Hebräer ein.
„Und ich will dich lehren, einen hilflosen Menschen zu schlagen!“, sagt Mose.
Der Ägypter dreht sich um.
„Wer bist du denn?“, fährt er Mose an. „Kümmere dich um deine eigenen Angelegenheiten!“
Das Blut steigt Mose ins Gesicht.
Mit einem Satz steht er hinter dem Ägypter und umklammert mit beiden Händen den Hals des Mannes.
„Lass mich los!“
Mose weiß nicht mehr, was er tut.
Plötzlich bricht der Ägypter in die Knie.
Mose starrt in seine Augen und erschrickt.
Der Mann ist tot.
Der junge Hebräer ist geflohen. Ein vornehmer Ägypter hat ihn verteidigt. Warum?
Der Nachtwind kühlt Mose die heiße Stirn. Die Grillen zirpen. In der nahen Stadt gehen die Lichter an.
Mose verscharrt den Toten im Sand.
Im Schutz der Dunkelheit kehrt er in den Palast zurück.

Unruhig wälzt sich Mose auf seinem Lager hin und her.
Er sieht die gebrochenen Augen des

Toten vor sich und hört sein letztes Röcheln.
Er steht auf und zündet die Öllampen an. Wie ein gefangenes wildes Tier läuft er in seinen Gemächern hin und her.
In der Morgenfrühe verlässt er den Palast.
Verwundert schauen ihm die Wächter nach.
„Wohin geht der Prinz so früh?"
„Ich werde es dem König melden", sagt der Hauptmann.
Auf dem Wasser spiegelt sich der Glanz der aufgehenden Sonne.
Die Fischer werfen ihre Netze aus.
Mose sieht sie nicht.
Verzweifelt irrt er durch die Gegend.
Er kann seine Tat nicht ungeschehen machen.
Gegen Abend trifft er zwei Hebräer und hört, wie sie sich um den leichteren Teil einer Arbeit streiten.
„Warum schlägst du deinen Kameraden?", fragt Mose den Schuldigen.
Der Mann erkennt ihn. Höhnisch lacht er auf.
„Wer hat dich denn zum Richter über uns gesetzt? Oder willst du mich etwa totschlagen, wie du den Ägypter totgeschlagen hast?"

„Wie kann er es wagen, einen ägyptischen Vogt zu töten!"
Der König rast vor Wut.
Der junge Hebräer hat Mose aus Angst verraten. Die Prinzessin sucht den Vater zu beruhigen.
„Wo sind die Beweise für die Tat? Wir müssen mit Mose sprechen, bevor wir ihn verurteilen."
Die Prinzessin möchte Mose retten.
„Nein", sagt der König, „ich will ihn nicht mehr sehen. Er wird gefährlich!"
Er befiehlt, Mose ins Gefängnis zu werfen.
Wenn die Prinzessin Mose retten will, darf sie keine Zeit verlieren. Durch eine Dienerin lässt sie ihm eine Nachricht überbringen.
„Flieh, der König will dich töten!"
Mose weiß, was diese Warnung bedeutet.
Er lässt alles zurück, den Schmuck, die Kleider, die Waffen.
Durch einen versteckten Ausgang verlässt er den Palast.
Wird er ihn jemals wieder betreten?

Mose bei den Hirten in Midian

Im Lande Midian auf der gebirgigen Halbinsel Sinai ist Mose vor seinen Verfolgern sicher.
Seine Haare und sein Bart sind auf der langen Flucht gewachsen. Sonne, Regen und Wind haben seine Haut dunkel gefärbt.
Mose schließt sich einer Gruppe von

Hirten an. Mit den Herden und den schwarzen Zelten ziehen sie von Weideplatz zu Weideplatz.
Das Land am Fuß der schroffen Berge ist karg und öde.
Mose lernt, die Schafe zu scheren und sich und die Herden gegen Raubtiere zu verteidigen.
Die Hirten fragen ihn nicht, woher und wohin. Sie teilen mit ihm ihr einfaches Essen, Milch, Käse, Feigen und Datteln.
Mose kennt die Kräuter und versteht sich darauf, kranke Menschen und Tiere zu heilen. Er gewinnt das Vertrauen der Männer.
Hinter dem Berg Horeb geht die Sonne unter. Durch die Dattelpalmen und Orangenbäume schimmern die Hütten der Oasenbewohner.
Vielleicht gibt es am Abend ein Fest, Tanz, gutes Essen und Trinken.
Die Nähe des Dorfes macht die Hirten übermütig. Am Ziehbrunnen stehen ein paar junge Mädchen. Es sind die sieben Töchter Jitros, des Priesters in Midian. Sie sind dabei, ihre Krüge mit Wasser zu füllen und die Schafe zu tränken.
„Platz da!", ruft der Anführer der Hirten.
Lachend stößt er eines der Mädchen in die Hüfte. Der Krug fällt zur Erde und zerbricht.
„Der Stärkere kommt zuerst!"
Erschrocken machen sich die Mädchen mit ihren Schafen davon. Sie fürchten sich vor den Männern.
„Bleibt! Ich helfe euch! Ihr seid zuerst da gewesen!" Mose holt sie an den Brunnen zurück.
„Du, Mann aus Ägypten, was fällt dir ein!", fährt der Hirte zornig auf, „du kennst wohl unsere Sitten noch nicht!"
„Ich kenne sie", sagt Mose ruhig.
Er legt dem Hirten die Hand auf den erhobenen Arm und schaut ihm in die Augen.
„Meinetwegen", murrt der Mann und setzt sich. Mose füllt den Mädchen die Krüge und hilft ihnen beim Tränken der Tiere.
„So!", sagt er. „Jetzt ist die Reihe an uns."
Versöhnt lächelt der Anführer Mose zu.
Dankbar gehen die Mädchen davon.
„Warum kommt ihr heute so bald?", fragt Jitro seine Töchter.
Sie erzählen, was sie am Brunnen erlebt haben.
„Ein junger Mann war es, ein Mann aus Ägypten!"
„Warum habt ihr ihn nicht zum Essen eingeladen? Er hat euch Gutes getan", sagt der Vater.

Am folgenden Tag lässt Mose die Hirten allein weiterziehen.
„Wer wird nun die kranken Tiere pflegen? Wer wird uns am Feuer Geschichten erzählen?", fragen sie.

Mose lässt sich aber nicht überreden. Am Brunnen treffen sich die Einwohner des Dorfes, wandernde Hirten und reisende Kaufleute. Sicher wird sich eine Arbeit oder eine Reisemöglichkeit für ihn finden.
„Schaut“, flüstert Zippora, die jüngste von Jitros Töchtern, ihren Schwestern zu, „schaut, er ist hier geblieben!“
Auch Mose erkennt die Mädchen wieder.
Ohne dass sie ihn darum bitten, füllt er die Krüge und tränkt die Schafe.
„Komm mit uns!“, sagt die Älteste. „Unser Vater lädt dich zum Essen ein.“
Jitro empfängt Mose unter der Tür seines Hauses. „Du bist willkommen, Fremdling!“
Jitros Frau bringt ein Becken mit frischem Wasser. Bevor Mose das Haus betritt, wäscht er sich Hände und Füße.
Nach dem guten Mahl versammelt Jitro seine Familie vor dem Haus und erzählt von Gott.
Mose hört staunend zu.
Dieser Gott ist nicht Aton, ist nicht die Sonne, ist keiner der vielen ägyptischen Götter. Er ist ein unsichtbarer Gott, der Gott Abrahams, Isaaks und Jakobs.
Hat nicht sein Vater von diesem Gott erzählt? Aber damals war Mose noch zu klein, um es zu verstehen.

Außerdem ist das ist lange her. Mose ist jetzt dreißig Jahre alt.

„Mose, willst du bei mir bleiben?“, fragt Jitro. „Ich könnte einen Hirten brauchen!“
„Ich bin kein Hirte“, sagt Mose.
Zum ersten Mal erzählt er einem fremden Menschen die Geschichte seiner Geburt, erzählt von den Jahren im Königspalast, von seiner Flucht, vom schweren Los seiner hebräischen Brüder. Auch den Mord verschweigt er nicht.
Aufmerksam hört der Priester zu.
„Bleibe bei mir“, sagt er. „Auch wenn du kein Hirte bist, vertraue ich dir alle meine Herden an.“
Mose ist glücklich.
Er hat nicht nur eine Arbeit, sondern auch den Gott seiner Väter gefunden.

Seit der Begegnung mit Jitros Töchtern ist ein Jahr vergangen.
Jitro behandelt Mose wie einen Sohn.
Nun steht Mose vor ihm.
Noch immer fällt es ihm schwer, ohne Stottern die rechten Worte zu finden.
„Ich bin arm … ein Flüchtling. Ich besitze keine Herden und keine Zelte … Ich bin ein Fremdling in deinem Land … aber ich habe Zippora lieb. Willst du mir Zippora zur Frau geben?“
Zippora ist Jitros Lieblingskind. Und er mag Mose. Jitro braucht sich nicht lange zu besinnen.
Das scheue Lächeln Zipporas und ihr Erröten, wenn Mose ihr begegnet, sind ihm auch nicht entgangen.
„Ja“, sagt Jitro, „du sollst Zippora zur Frau nehmen. Wir wollen die Hochzeit rüsten. Gott sei mit euch!“

Der brennende Dornbusch

Mose steht unter der Haustür.
Ein weißer Rock und auf dem Kopf ein wollenes Tuch schützen ihn vor den Sonnenstrahlen.
Zippora küsst ihn.
„Dürfen wir mitkommen?“, fragen Gerschom und Elieser, seine beiden Söhne.
„Begleitet mich ein Stück“, sagt Mose.
„Wie groß sie geworden sind!“, denkt er. Gerschom, der Ältere, reicht ihm schon über die Schulter.
Am Rand der Wüste schickt er sie zurück.
„Helft dem Großvater beim Scheren der Schafe“, sagt er.

Mose ist auf dem Weg zum Berg Horeb. Dort weidet eine seiner Herden.
Mose ist ein geachteter und wohlhabender Mann geworden.
Viele Jahre lebt er nun schon im Lande Midian, aber er hat seine Brüder in Ägypten nicht vergessen. Seit er von vorüberziehenden Händlern die

Nachricht vom Tode des Königs vernommen hat, lässt ihm der Gedanke an ihr Leid keine Ruhe.
Wie mag es ihnen unter dem neuen König ergehen?
Sollte er nicht nach Ägypten zurückkehren?
Doch was könnte er, ein unbedeutender Einzelner, gegen die Macht des Königs ausrichten?
Warum hilft Gott den Hebräern nicht?
In Gedanken versunken setzt sich Mose am Wegrand nieder.

Was ist geschehen?
Mose springt auf.
Der Dornbusch in seiner Nähe steht in hellen Flammen.
„Mose! Mose!“
Wer ruft ihn?
„Mose! Mose!“
„Hier bin ich!“, sagt er erschrocken.
Die Stimme kommt aus dem Feuer.
„Komm nicht näher! Streife die Sandalen von den Füßen. Der Ort, darauf du stehst, ist heiliges Land. Ich bin der Gott deiner Väter, der Gott Abrahams, Isaaks und Jakobs.“
Es ist die Stimme Gottes.
„Ich habe die Wehklagen meines Volkes gehört und ich habe mich seiner erbarmt. Ich will es aus Ägypten nach Kanaan führen, in ein gutes, weites Land, in ein Land, in dem Milch und Honig fließen. Geh zu Pharao! Sage ihm, dass du das Volk führen wirst!“
Mose verhüllt sein Gesicht.
„Wer bin ich denn? Die Hebräer in Ägypten kennen mich nicht. ‚Wer schickt dich?‘, werden sie fragen. ‚Wer ist dieser Gott? Wie ist sein Name?‘“
„Ich habe keinen Namen! Ich bin, der ich bin. – Der ICH BIN hat mich zu euch gesandt, sollst du ihnen sagen, der Gott Abrahams, Isaaks und Jakobs.“
„Aber wie soll ich beweisen, dass du mir erschienen bist?“
„Mose, was hast du in deiner Hand?“
„Es ist mein Hirtenstock.“
„Wirf ihn auf die Erde!“
Entsetzt weicht Mose zurück. Der Stock hat sich in eine Schlange verwandelt.
„Fasse sie am Schwanz!“
Mose gehorcht.
Die Schlange in seiner Hand ist wieder zum Stock geworden.
„Mose, geh nach Ägypten! Nicht nur dem König, auch den Hebräern werde ich durch dich meine Kraft beweisen.“
Verlangt Gott nicht zu viel?
„Herr“, sagt Mose, „du weißt, ich war schon als Kind ein Stotterer, ich war nie ein guter Redner … Sende doch einen anderen!“
„Wer hat den Menschen erschaffen? Wer kann ihn stumm oder taub machen, sehend oder blind? Bin nicht ich es, der Herr?“

Mose hat sich auf die Erde geworfen. Nun weiß er, dass er Gott gehorchen muss.
„Dein Bruder Aaron wird dir entgegenkommen. Ich weiß, dass er gut reden kann. Lass ihn für dich reden! – Mose, ich bin mit dir!"
„Ich bin mit dir!"
Mit den letzten Worten ist auch das Feuer erloschen.
Aber der Dornbusch ist unversehrt.
Mose hat die Zeit vergessen.
Wie lange hat er hier auf der Erde gelegen? Die Nacht ist hereingebrochen.
Am Himmel stehen Sterne.
Mose kehrt nach Hause zurück.
Gott hat ihn für eine große Aufgabe auserwählt.

In der Morgenfrühe erreicht Mose die Oase.
Er klopft bei Jitro an.
Ihm erzählt er zuerst, was auf dem Berg Horeb geschehen ist.
Der alte Mann hört zu.
„Gott hat zu dir gesprochen", sagt er leise, „ich muss dich ziehen lassen."
Zippora ist traurig, aber sie weiß, dass auch sie Mose nicht zurückhalten darf.
Mit Gerschom und Elieser begleitet sie Mose bis an die Grenze des Landes.
Ob sie sich jemals wiedersehen?

Ich bin der Herr, euer Gott

Das Feuer, die Felle auf der Erde, die Krüge auf den Gestellen, alles ist so, wie Mose es in seinen Träumen oft gesehen hat.
In diesem Raum hat er die ersten fünf Jahre seines Lebens verbracht, hier hat er zum ersten Mal gelacht und geweint.
Die Wirklichkeit erfüllt ihn mit Staunen.
Amrams Haare sind weiß geworden.
In Moses Erinnerung war der Vater ein großer, starker Mann. Nun geht er gebeugt an einem Stock und ist über hundert Jahre alt. Mirjam sorgt für ihn.
Jochebed ist gestorben. Wie gerne hätte Mose sie noch einmal gesehen und ihre Stimme gehört!
Behutsam nimmt er Amrams Hände in die seinen. Sie zittern. Unter der Haut treten die Knochen hervor.
Mose erzählt dem Vater von seiner Begegnung mit Gott. Amrams Augen leuchten bei diesen Worten auf. Er braucht für das, was Mose ihm erzählt, keine Beweise. Er hat den Gott seiner Väter nie vergessen.
„Mein Wunsch ist in Erfüllung gegangen", sagt er, „nun kann ich ruhig sterben."
Wie Gott es Mose vorausgesagt hat, ist ihm Aaron an der Grenze zwischen

Midian und Ägypten entgegengekommen. Auch zu ihm hat Gott gesprochen. Auch er ist erfüllt von der Aufgabe, die Gott Mose zugedacht hat. Er will alles tun, um ihm dabei zu helfen.

Bis zum Morgengrauen sitzen die Ältesten und Weisen Israels in Amrams Hütte zusammen.

Der Hirtenstock geht von Hand zu Hand.

Noch lag er eben als giftige Schlange auf dem Boden. Jeder hat es gesehen. Die Männer schämen sich ihrer Tränen nicht.

„Gott hat unsere Gebete erhört. Die Knechtschaft hat ein Ende. Mose wird uns aus Ägypten hinausführen in das Gelobte Land!"

„Wann brechen wir auf?", fragen sie.

Mose mahnt zur Besonnenheit.

In Ägypten hat sich während seiner Abwesenheit viel geändert.

Ramses, der neue König, lässt sich von seinen Sklaven, den Hebräern, Pyramiden, Tempel, Paläste und zwei neue Städte bauen. In tausende von Ziegeln ist sein Name eingebrannt.

Aber nicht nur die Hebräer, auch die Ägypter leiden unter dem König, der immer mehr Steuern von ihnen fordert.

Überall begegnet Mose unzufriedenen Gesichtern.

Wunderbar sind die Zeichen, die Gott durch die Hand des Mose getan hat. Auf den Bauplätzen und in den Ziegeleien wird von nichts anderem mehr gesprochen. Die Botschaft Gottes geht von Mund zu Mund.
„Bald sind wir frei", sagen die heimlichen Blicke der Männer. Die Schläge und Flüche der Vögte schmerzen weniger.
Viele hören zum ersten Mal von Gott. Viele, die ihn in der Not vergessen haben, glauben wieder an ihn. Wenn Mose durch die Straßen geht, betrachten die Kinder scheu und ängstlich seinen Hirtenstock.
Amrams Hütte ist immer voll von Menschen. Sie möchten Mose hören, möchten die Wunderzeichen mit eigenen Augen sehen.
Mose errät ihre Gedanken.
„Ich bin kein Zauberer", sagt er.

Ein Soldat begleitet Mose und Aaron durch den Palast. Mose kennt den Weg durch die Gärten, Höfe, Gänge und Säle.
Es ist lange her, seit er hier wie ein Prinz erzogen wurde. Es ist beinahe noch wie damals, nur die Gesichter sind nicht mehr dieselben.
Was ist aus seinen Lehrern geworden? Und die Prinzessin? Wie seine Mutter ist auch sie gestorben.
Verwundert schauen die Höflinge den beiden bärtigen Männern nach. Was haben die Hebräer im Palast zu suchen? Was wollen sie vom König?

Wie eine aus Stein gemeißelte Statue sitzt Pharao auf seinem goldenen Thron.
Mit unbewegtem Gesicht schaut er Mose und Aaron entgegen.
„König von Ägypten", sagt Aaron, „wir kommen im Auftrag Gottes. Lass sein Volk drei Tage in die Wüste ziehen und ein Fest zu seiner Ehre feiern!"
„Wer ist dieser Gott?"
„Unser Gott, der unsichtbare Gott der Hebräer."
„Was fällt euch ein! Wollt ihr die Männer von der Arbeit abhalten? Feste feiern? Arbeiten sollen sie! – Geht mir aus den Augen, bevor mein Schwert euch trifft."
Ruhig hält Mose dem zornigen Blick des Königs stand.
Ruhig dreht er sich um und verlässt mit Aaron den Saal.

Erregt bleibt der König zurück.
Er weiß, dass Mose im Palast erzogen wurde.
Was will dieser Mann? Unruhe stiften? Seine Bitte ist ungeheuerlich.
Mose hat kein Wort gesprochen, aber der König sieht seine großen dunklen Augen vor sich.
Eine sonderbare Kraft geht von Mose aus.

Sie fordert den König zum Kampf heraus.
„Ich werde siegen", flüstert er.
Er lässt den Obersten der Vögte zu sich rufen.
„Von heute an sollen die Hebräer das Stroh, das sie für die Ziegel brauchen, selber suchen", befiehlt er. „Trotzdem muss aber jeder so viel Ziegel abliefern wie bisher. Wer es nicht tut, wird schwer bestraft."

Viele der hebräischen Arbeiter brechen vor Erschöpfung zusammen. Die Vögte kennen kein Erbarmen. Sie kennen nur den Befehl des Königs.
Die hebräischen Aufseher trifft es besonders hart. Sie sind für die Zahl der abgelieferten Ziegel verantwortlich. Der König verlangt Unmögliches.
Sie bitten ihn, seinen Befehl zurückzuziehen. Doch der König bleibt hart.
„Fort mit euch! An die Arbeit!"
Von bewaffneten Soldaten werden sie aus dem Palast getrieben.
Verbittert kehren sie zurück.
Ist nicht Mose an allem schuld?
„Du hast uns einen schlechten Dienst erwiesen. Durch dich ist alles noch schlimmer geworden."
Schweigend nimmt Mose die Vorwürfe entgegen. Haben sie nicht Recht?
Er ist von Zweifeln erfüllt.
„Herr, warum lässt du das Volk leiden? Warum hast du mich hergesandt?", betet er.
In der Stille hört Mose Gottes Antwort.
„Ich bin der Herr! Ich bin euer Gott und ihr seid mein Volk. Ich habe die Wehklage der Kinder Israels gehört und ich werde sie von den Lasten in Ägypten erlösen. Mit meiner Kraft werde ich den Pharao zwingen, euch ziehen zu lassen. Geh, rede mit ihm. Fürchte dich nicht. Ich mache dich für Pharao zu einem Gott. Ich bin mit dir."

Die zehn Plagen

Zum zweiten Mal steht Mose mit Aaron vor dem König.
„Pharao, König von Ägypten!", sagt Aaron. „Der Herr, unser Gott, schickt uns zu dir. Lass uns aus Ägypten fortziehen. Die Landschaft Goschen ist zu klein geworden. Deine Vögte sind hart. Lass uns nach Kanaan gehen, in das Land, das Gott uns verheißen hat!"
Der König wendet sich seinem Hofstaat zu.
Alle sind sie da, die Königin, die Prinzen und Prinzessinnen, die Minister, die Feldherren, prunkvoll gekleidet.
„Habt ihr gehört?", spottet er.
„Mose und Aaron, wer ist euer Gott? Er ist mir noch nie begegnet."
Wortlos wirft Aaron Moses Hirtenstab vor des Königs Füße.

Will Aaron ihn, den König, zum Narren halten? Ein Stück knorriges Holz! Was soll das?
Plötzlich schreit die Königin auf.
Der Stock fängt an sich zu winden ...
„Eine Schlange!“, rufen die Höflinge.
Entsetzt weichen sie zurück.
Nur der König lässt sich nicht aus der Fassung bringen.
„Zauberkunststücke! Damit macht ihr mir doch keine Angst. Das können meine Zauberer auch. Ruft sie her!“

Fünf Zauberer betreten den Thronsaal.
„Pharao, König von Ägypten, was können wir für dich tun?“
„Werft eure Zauberstäbe vor meine Füße und verwandelt sie in Nattern!“, befiehlt der König.
Moses Schlange liegt zusammengerollt und unbeweglich auf dem Fußboden.
„König, wir wollen es versuchen“, sagen die Zauberer.
Die Zuschauer halten den Atem an.
Mit fremden Sprüchen und sonderbaren Bewegungen beschwören die fünf Männer ihre Stäbe. Vor aller Augen verwandeln sie sich in Nattern. Der König lacht auf.
„Seht!“, sagt er zu Mose und Aaron.
„Von Zauberei lässt sich Pharao nicht beeindrucken.“
Aber noch während der König spricht, kommt plötzlich Leben in die Schlange der beiden Hebräer. Wie ein Blitz schießt sie auf die fünf Nattern zu und verschlingt sie.
Das höhnische Lachen der Höflinge verstummt.
Der König streckt abwehrend die Hände aus. Die Schlange kommt auf ihn zu ...
„Geht!“, ruft er Mose und Aaron zu.
„Nehmt eure Schlange und geht! Ich will euch nie wieder sehen!“
Aaron fasst die Schlange am Schwanz.
Sie zuckt zusammen, streckt sich, ist knorriges Holz.
Aaron reicht Mose den Stab.
Stumm verlassen sie den Saal.
Vom Hofstaat umringt, bleibt Pharao zurück.
„Warum lässt du sie nicht ins Gefängnis werfen und töten?“
Ja, warum eigentlich nicht?
Der König ist wie gelähmt.

Zum dritten Mal begegnet Mose dem König am Ufer des Nils. Pharao ist auf dem Weg zum Baden.
Einen Augenblick stehen sich die beiden Männer stumm gegenüber.
„König von Ägypten“, sagt Mose leise, „wieder schickt mich Gott zu dir. Höre auf seine Bitte und lass sein Volk ziehen.“
Misstrauisch betrachtet der König den Hirtenstock.
Zum ersten Mal hat er Moses Stimme gehört.

„Geh mir aus dem Weg“, sagt er, „dein Anblick verdirbt mir die Laune!“
„König, dein Herz ist verstockt. Aber Gott ist mächtiger als du. Sieh, auch das ist eines seiner Zeichen!“
Mit dem Stock berührt Mose das Wasser.
Hat er eine Quelle aufgebrochen?
Aber was aus der Tiefe heraufsteigt, ist kein Wasser.
Es ist Blut.
Das Wasser verfärbt sich.
Aus dem Schilf steigen zu hunderten die Wasservögel und ziehen flussaufwärts davon.
Die Wellen treiben tote Fische ans Ufer.
„Mose!“, schreit der König. „Mose, was hast du getan?“
Mose ist nicht mehr da.
Ohne ein Wort ist er davongegangen.
Die Fischer lassen die Netze im Stich und wenden die Boote eilig dem Ufer zu.
Dort sammelt sich eine erschrockene Menschenmenge.
Schnell flieht der König mit seinen Dienern hinter die schützenden Mauern des Palastes.

Nicht nur der Nil, auch das Wasser in den Teichen, Seen und Bächen hat sich in Blut verwandelt.
Vergeblich graben die Menschen nach sauberen Quellen.
Das Lachen auf den Märkten ist verstummt.
Nachts sind die Straßen und Gassen leer, die Häuser verschlossen und verriegelt.
Sieben Tage lang dauert die Blutplage.
Von neuem versucht Mose, den König umzustimmen. Er warnt ihn vor neuen Plagen.
Doch der König ändert seine Meinung nicht.
„Ich, der König von Ägypten, werde nicht nachgeben“, sagt er, „ich lasse mich weder von Mose noch von seinem Gott bezwingen.“
Zu tausenden steigen Frösche aus den Weihern, Tümpeln, Seen und Flüssen.
Der Bäcker findet sie in den Teigmulden, die Hausfrau im Milchkrug.
Auch der König bleibt nicht verschont.
Sein Garten ist voll von ihnen. Aus jeder Ecke glotzen sie ihm entgegen und nachts hüpfen sie über sein Bett.
Von Ekel erfüllt, verspricht er Mose, das Volk ziehen zu lassen.
Aber kaum ist auch diese Plage vorbei, nimmt er sein Versprechen zurück.
Ohne die Arbeit der hebräischen Sklaven bleiben seine Bauwerke unvollendet.
„Ich habe mich anders besonnen“, lässt er Mose ausrichten.

Nun folgt eine Plage der anderen.
Staubkörner werden zu Mücken. Wie eine schwarze Wolke bedecken sie den Himmel und verdunkeln die Sonne.
Stechfliegen belästigen Mensch und Tier. Es sind so viele, dass sich niemand ihrer erwehren kann.
Eine Seuche tötet das Vieh der ägyptischen Bauern.
Die Haut der Erwachsenen und der Kinder überzieht sich mit eiternden Geschwüren.
Ein schreckliches Gewitter verwüstet die Felder, erschlägt Tiere und Menschen.
Heuschrecken überfallen das Land. Gierig fressen sie, was der Hagel übrig gelassen hat.
Eine Finsternis über dem ganzen Land dauert drei Tage lang.
Not und Hunger sind die Folgen der schrecklichen Plagen.
Die Menschen sind verängstigt.
Der König hat den Palast seit Wochen nicht mehr verlassen.
Er fürchtet Wehklagen, Empörung und Aufstand. Von seinen Zauberern verlangt er immer neue Wunder.
Vor seinen Augen haben auch sie ein kleines Becken mit Wasser in Blut verwandelt. Aber damit ist ihre Kraft zu Ende.
Begreift der König immer noch nicht, dass sich in den Plagen nicht Zauberei, sondern die Gewalt eines mächtigen Gottes offenbart?
Kann Gott deutlicher sprechen?
Die Hebräer sind von allen Plagen verschont geblieben.
Die Ägypter stehen vor den Türen der Hebräer und bitten um Nahrung für ihre hungrigen Kinder. Sie bringen ihnen Geschenke, silberne und goldene Schüsseln, Leuchter und kostbaren Schmuck. Unter den Plagen haben auch viele Unschuldige zu leiden.
„Wir werden keine Ruhe haben, bevor ihr nicht das Land verlassen habt“, sagen sie.
Auch Mose sehnt den Tag des Aufbruchs herbei. Aber ohne die Einwilligung des Königs wagt er nicht aufzubrechen. Die Soldaten stehen auf der Seite des Königs. Es würde zum Kampf kommen. Mose darf das Leben des Volkes nicht aufs Spiel setzen.
„Ich mache dich für Pharao zu einem Gott.“
Dieses Wort Gottes lastet schwer auf ihm.

Noch einmal steht Mose vor Pharao.
Gott hat ihm die letzte der zehn Plagen angekündigt.
Im Palast begegnen ihm bleiche, von Angst verstörte Gesichter. Der König ist von vielen schlaflosen Nächten erschöpft.
„König von Ägypten“, sagt Mose zum letzten Mal, „Gott schickt mich zu dir. Lass sein Volk ziehen!“
„Meinetwegen, geht!“, sagt der Kö-

nig. „Nehmt die Frauen und Kinder mit, aber eure Herden gehören mir."
„Nein", antwortet Mose, „wir brauchen unsere Herden. Wie können wir sonst unserem Gott opfern? Und wovon sollen wir leben?"
Hasserfüllt schaut der König Mose an.
Er spürt seine ungebrochene Kraft.
„Ich gebe nicht nach", flüstert Pharao, „hüte dich, noch einmal vor mir zu erscheinen, sonst werde ich dich töten."
„König von Ägypten", sagt Mose, „du hast gut geredet. Ich werde dich nie wieder sehen!"
Mose dreht sich um und geht davon.
Erschrocken starrt ihm der König nach.
Soll er ihn zurückrufen?

Mose weiß, dass sich Pharao der Macht Gottes beugen wird.
Die Stunde des Aufbruchs ist gekommen.
Mose ruft die Ältesten Israels zusammen und erteilt die letzten Anweisungen.
„In jeder Familie, in jedem Haus soll ein Schaf geschlachtet, am Feuer gebraten und mit ungesäuertem Brot gegessen werden. Mit dem Blut des Tieres sollt ihr die Schwellen der Haustüren bestreichen, denn heute Nacht wird Gott durch Ägypten gehen und die Erstgeborenen töten. An euren Häusern aber wird er vorübergehen. Seid zum Aufbruch bereit, die Sandalen an den Füßen, den Wanderstab in der Hand. An diese Nacht werden sich eure Kinder und Kindeskinder erinnern. Für alle Zeiten sollt ihr an diesem Brauch festhalten, und wenn eure Kinder euch nach seiner Bedeutung fragen, sollt ihr ihnen sagen: Es ist das Pas'cha-Opfer für den Herrn, weil er an den Häusern der Israeliten vorüberging, als er die Ägypter strafte."
Noch versteht nicht jeder, was diese Worte bedeuten sollen, aber sie tun, was Mose sagt. Alle, auch die Kinder, bleiben wach.

Es ist Nacht.
Hinter einer Fenstersäule versteckt, starrt der König auf die dunkle Menschenmenge vor dem Palast.
„Pharao! Pharao!"
Immer verzweifelter wird der Ruf.
„Pharao! Pharao! Lass die Hebräer ziehen!"
„Es gibt kein Haus in Ägypten, in dem nicht ein Toter liegt", meldet ein Beamter dem König. „Nur die Häuser der Hebräer sind verschont geblieben!"
Der König stöhnt.
Jemand legt ihm die Hand auf die Schulter. Es ist die Königin.
„Dein Sohn, dein Erstgeborener, ist tot."
Der König bricht zusammen.

Zwei Diener tragen ihn in sein Gemach.
Der König weint.

Noch vor Sonnenaufgang erhält Mose die Botschaft des Königs.
„Geht! Dient eurem Gott, wie ihr gesagt habt. Nehmt auch eure Herden mit. Geht! Und betet auch für mich!"
Das Volk ist bereit.
Mose führt den Zug an.
Es ist Frühling. Ende April.
Auf den Straßen sammelt sich ein riesiger Menschenstrom.
Immer mehr Menschen kommen hinzu. Den Männern folgen die Herden, dann die Frauen und Kinder. Die Wagen sind mit Hausrat beladen und mit Blumen geschmückt.
Vierhundertdreißig Jahre sind vergangen, seit Jakob mit seiner Familie nach Ägypten kam, um vor seinem Tod noch einmal seinen Lieblingssohn Joseph zu sehen.
In einer Urne trägt einer der Ältesten Josephs Gebeine mit sich. Sie sollen das Volk immer an die Zeit in Ägypten erinnern.
Langsam geht die Sonne auf.
Dem Zug voraus geht eine Wolkensäule.
Es ist Gott.

Ein Wunder

„Wir haben keine Ziegel mehr", melden die Baumeister dem König, „die Hebräer sind fort, die Bauplätze verödet."
Ohne die Hilfe der Sklaven ist es unmöglich, die Arbeiten fortzusetzen. Pitom und Ramses, die beiden Städte, werden unvollendet bleiben.
Der Gedanke lässt dem König keine Ruhe mehr. Mit seinen Bauwerken wollte er sich ein unvergängliches Denkmal setzen.
„Ramses, König von Ägypten, der größte Bauherr aller Zeiten!"
Ist dieser Traum nun zu Ende?
Warum hat er die Hebräer ziehen lassen?
Mose hat ihn besiegt.
Wie kann er sich dafür rächen?
„Wir werden Ziegel haben, so viele wie noch nie!", verspricht er den Baumeistern. „Ich werde die Hebräer zurückholen!"
Seit dem Auszug sind sieben Tage vergangen.
Der König gibt Befehl, sechshundert Kampfwagen und Pferde bereitzustellen. Er lässt die tapfersten Offiziere und Soldaten auswählen. Der Anblick des gerüsteten Heeres erfüllt ihn mit Stolz.
„Komm mir nicht ohne die Hebräer zurück!", befielt er dem Feldherrn. „Vor allem nicht ohne die jungen kräf-

tigen Männer, die ich zum Sklavendienst brauche."
Der Feldherr nickt.
„Wie eine Herde Vieh werde ich sie dir zurücktreiben!"
Der Feldherr ist überzeugt, dass er siegen und dass der König ihn dafür reich belohnen wird.

Schon Monate vor dem Aufbruch hat Mose den Reiseweg ausgedacht und aufgezeichnet.
Die Uferstraße ist ihm zu gefährlich.
Die Philister bedrohen die Grenze Ägyptens.
Es könnte Schwierigkeiten geben und zu einem Streit kommen.
Mose wählt einen Umweg.
Auf einem wenig begangenen Saumpfad zieht er mit dem Volk südwärts, zuerst nach Sukkot, dann weiter über Etam nach Pi-Hahirot am Roten Meer.
Das Volk ist nach dem lauten Jubel der ersten Tage still geworden.
„Wie lange geht es noch bis zum nächsten Rastplatz?", fragen die Kinder und die alten Leute.
Vom Himmel brennt die Sonne.
Einige Männer sorgen dafür, dass niemand zurückbleibt.
Noch immer geht die Wolkensäule dem Zug voran.
Sie gibt den Wandernden Mut und Kraft.
Am zehnten Tag erreichen sie das Meer. An seinem Ufer lässt Mose die Zelte aufschlagen.
Die mit Schilf bestandene Meeresbucht ist ein herrlicher Spielplatz.
Die Kleinen suchen Muscheln, die großen Jungen fangen Fische. Vor den Zelten wird gelacht und gesungen.

Am frühen Morgen des zweiten Rasttages entdeckt eine Lagerwache eine Staubwolke.
Ist es ein heranziehender Sturm?
Der Wächter schlägt Alarm.
Die Staubwolke nähert sich, wird größer und größer.
Vor Schrecken wie gelähmt starren ihr die Menschen entgegen.
„Es ist ein ägyptisches Heer", sagt Mose, „es sind die Kampfwagen des Königs."
Rechts und links ist die Wüste, vor ihnen das Meer. Zur Flucht ist es zu spät. Kämpfen hat keinen Sinn.
Die Mütter rufen weinend nach ihren Kindern.
„Wir sind verloren", sagen verzweifelt die Männer.
Mose schaut in die verstörten Gesichter.
„Du bist schuld", klagen sie ihn an. „Du hast uns aus Ägypten weggeführt! Ach, wären wir nur dort geblieben und hätten dem König weiter gedient!"
Was soll Mose den empörten Männern antworten? In der Hand spürt er

seinen alten Hirtenstock. Er spürt die Kraft Gottes.

„Fürchtet euch nicht!“, ruft er. „Der Herr wird für euch streiten. Brecht die Zelte ab! Treibt die Herden zusammen!“

Das Donnern der Wagenräder und das Dröhnen der Pferdehufe wird immer lauter. Waffen blitzen in der Sonne.

„Mir nach!“, ruft Mose.

Er steht am Meer und streckt seinen Stock zum Himmel empor.

Die Wolkensäule hat sich zwischen das Volk und den nahenden Feind gestellt.

Ein mächtiger Wind erhebt sich, wird zum Sturm und teilt das Wasser.

Vor der zitternden Menge zieht sich ein trockener Graben von Ufer zu Ufer. Rechts und links steht das Wasser wie eine Mauer.

„Mir nach!“, ruft Mose noch einmal.

Jetzt hat auch das ägyptische Heer das Ufer erreicht. Der Feldherr fährt sich mit der Hand über die Stirn. Träumt er?

Vor seinen Augen ziehen die Hebräer mitten durchs Wasser.

„Verfolgt sie!“, ruft er den zögernden Offizieren zu.

Tapfer geht er voran.

Aber plötzlich bleiben die Wagenräder stecken.

Lag nicht der Graben eben noch trocken vor ihnen?

Die Pferde versinken bis zur Brust im Schlamm. Sie kämpfen vergeblich. In ihren aufgerissenen Augen steht die Todesangst.
„Zurück!“, schreit der Feldherr.
Aber es ist zu spät.

Brausend stürzt das Wasser über dem ägyptischen Heer zusammen.
Die Hebräer am anderen Ufer erwachen wie aus einem Traum.
Alle sind gerettet.
Wieder erhebt Mose seinen Stock.
Der Sturm lässt nach. Die Wellen werden ruhig. Das Volk umringt Mose.
Die Männer sind beschämt.
„Verzeih uns!“, bitten sie.
„Nicht mich, sondern Gott müsst ihr um Verzeihung bitten“, sagt Mose.
Das Wunder bewegt ihn.

„Ich will dem Herrn singen;
denn er hat eine herrliche Tat getan.
Mit Ross und Wagen und Reitern
zog Pharaos Heer hinein ins Meer,
und der Herr ließ das Meer
über sie fallen.
Aber die Kinder Israels
gingen trocken
mitten durchs Meer.

Der Herr ist meine Stärke,
er ist meine Hilfe in der Not.
Er ist mein Gott, ich will ihn loben.
Herr, wer ist dir gleich
unter den Göttern?
Durch deine Barmherzigkeit
hast du dein Volk gerettet.
Du, Herr, hast es erlöst.
Der Herr wird König sein,
immer und ewig.“

Mirjam sitzt zu Moses Füßen.
Es ist lange her, seit sie ihren kleinen Bruder in einem Korb im Schilf versteckte.
Sie nimmt ihr Tamburin mit den Glöckchen.
„Mose“, sagt sie, „wir wollen ein Fest feiern.“
Feuer werden angefacht.
Die Frauen tanzen. Die Kinder singen.
Mirjam führt den Reigen an.

„Singt Gott, dem Herrn,
denn er hat seine Macht gezeigt.
Rosse und Streitwagenkämpfer
warf er ins Meer.“

Der Weg durch die Wüste

Vor den Augen der Wandernden breitet sich die Wüste aus.
Die Tage sind heiß, die Nächte kalt.
Seit drei Tagen sucht Mose vergeblich nach Wasser.
Die Leute sind erschöpft. Der Durst verwirrt ihre Sinne.
Wie lange ist es her seit dem Fest am Ufer des Roten Meeres? Sind es zehn oder zwanzig Tage?

Die Kinder klagen über wunde Füße. Aber auf den Wagen ist nur Platz für die Kleinsten und die Kranken.

Zwei alte Männer und eine junge Frau mit einem Neugeborenen sind gestorben. Im Sand liegen sie begraben.

Aaron, der mit Mose den Zug führt, schickt einen Hirten mit ein paar Schafen voraus. Gegen Abend entdecken sie endlich die gesuchte Wasserstelle zu Mara.

Mose atmet auf.

„Lauft!“, sagt er zu den Kindern. „Ihr sollt zuerst trinken.“

Doch das Wasser ist bitter.

Auch die Tiere trinken es nicht.

Mose ist ratlos.

„Wir können nicht mehr weiter! Gib uns zu trinken!“

Stumm begegnet Mose den vorwurfsvollen Blicken.

„Herr, was soll ich tun?“, fleht er.

In seinem Innern hört er Gottes Antwort.

„Brich einen Ast von dem Baum, neben dem du stehst, und wirf ihn ins Wasser!“

Mose gehorcht.

„Und nun trink!“, sagt Gott.

Mose schöpft das Wasser mit beiden Händen und versucht es.

Es ist klar und frisch.

Jetzt drängen sich die Menschen zur Quelle. Gierig fangen sie an zu trinken. Sie füllen die Krüge und die ledernen Wassersäcke. Jeder stößt den anderen zur Seite und möchte zuerst an die Reihe kommen. Beinahe gibt es Streit.

Mose hat sich unter den Baum gesetzt.

Sinnend schaut er den Leuten zu.

Die Reise ist noch lange nicht zu Ende.

Werden sie durchhalten?

Sind sie nicht alle wie Kinder?

Und er selbst?

Wo wird er die Kraft hernehmen, sie zu führen?

Wie eine Antwort auf seine bangen Fragen ist Gottes Stimme da.

Sie sagt: „Ich bin der Herr, dein Arzt.“

Moses nächstes Ziel ist der Berg Horeb.

Nach einer kurzen Rast in Elim, der Oase mit den zwölf Quellen und den siebzig Palmen, beginnt der Marsch durch die Wüste Sin.

Seit dem Auszug aus Ägypten sind ein Monat und fünfzehn Tage vergangen. Die gleiche Zeit rechnet Mose jetzt für die Durchquerung der Wüste Sin. Es ist das längste und schwierigste Stück der Reise.

Bald sind die Wassersäcke und Nahrungsbeutel wieder leer. Auch das letzte der aus Ägypten mitgenommenen ungesäuerten Brote ist verzehrt. Viele Wasserstellen sind eingetrocknet.

„Wären wir doch in Ägypten geblieben!“, bekommt Mose immer wieder zu hören. „Wenigstens genug zu essen und zu trinken hatten wir.“

In Refidim umstellen die Männer Moses Zelt. Erregt fordern sie Antwort.
„Mose, wie kann Gott mit uns sein, wenn er uns in der Wüste verdursten lässt? Du hast uns alle ins Unglück gebracht.“
Mose sieht die Steine in ihren Händen, den gefährlichen Glanz in den Augen.
Wollen sie ihn töten?
Er erinnert die Männer an die vielen Wunder, die Gott unterwegs schon an ihnen getan hat.
„Gott schickt euch jeden Morgen den körnigen Tau, den ihr Manna nennt. Schmeckt er nicht süß wie Semmel mit Honig? Sind nicht eines Tages Wachteln vom Himmel gefallen? Habt ihr sie nicht gebraten und ein Fest gefeiert? Hat euch Gott jemals verlassen? Wir werden morgen einen neuen Brunnen finden.“
Doch der Durst macht die Männer blind.
„Gib uns zu trinken!“, fordern sie. „Hörst du nicht, wie die Kinder nach Wasser schreien?“
Drohend kommen die Männer auf ihn zu.
Josua stellt sich dazwischen und zieht sein Schwert. Josua, ein junger tapferer Mann, ist seit dem Auszug einer von Moses treuesten Anhängern.
„Nein“, sagt Mose und legt die Hand auf Josuas erhobenen Arm, „Gott wird uns helfen.“
„Macht mir Platz!“, sagt Mose zu den Männern. „Es wird sich heute keiner durstig schlafen legen. Gott wird aus einem Felsen eine Quelle brechen!“
Die Männer weichen zur Seite.
Die Steine in ihren Händen fallen auf die Erde.

Es ist Nacht.
Die Lagerfeuer sind gelöscht. Menschen und Tiere schlafen. Ruhig wandert Josua zwischen den Zelten auf und ab.
Das Wunder, das Gott durch Mose am Felsen getan hat, erfüllt ihn.
Vor dem hellen Sternenhimmel steht in der Ferne der Berg Horeb.
Mose will nach allem, was er erlebt hat, an seinem Fuße länger Rast halten.
„Die Zeit ist noch nicht gekommen, um ins Gelobte Land einzuziehen“, hat er Josua anvertraut, „noch sind wir nichts anderes als eine Herde verirrter Schafe.“
Wenn das Volk genug zu essen und zu trinken hat, jubelt es Mose zu. Aber in der Not halten ihm nur wenige die Treue.
Plötzlich hört Josua ein Geräusch.
Sind es wilde Tiere?

„Wer ist da?“, ruft er.
Jetzt hört er das Knacken brechender Äste.
Einige Männer verschwinden in der Dunkelheit. Es sind Kundschafter der Amalekiter, eines wandernden Wüstenvolkes.
Josua eilt zu Moses Zelt und weckt ihn.
„Rufe sofort die kampffähigen Männer zusammen. Rüstet die Waffen und haltet euch bereit“, sagt Mose.

In der Morgenfrühe greifen die Amalekiter die Hebräer an.
Sie wollen das Lager überfallen und ausrauben.
Aber Josua treibt sie mit seinen Männern in die Wüste zurück. Das Lager bleibt verschont.
In der Wüste kommt es zum Kampf.
Von einem kleinen Hügel aus schaut Mose zu. Aaron, sein Bruder, und Hur, einer der Ältesten, sind bei ihm.
Sie hören die Schreie der Kämpfenden und das Klirren der Schwerter.
Mit zum Himmel erhobenen Armen bittet Mose Gott um Beistand.
„Ich will nicht aufhören zu beten, bis unsere Männer den Feind vertrieben haben“, sagt er zu seinen Begleitern.
Wie eine Wolke steht der aufgewirbelte Staub über dem Schlachtfeld.
„Ich kann nicht mehr“, sagt Mose am Mittag. Seine Arme sinken herab.
Die Amalekiter versuchen, die Hebräer einzukreisen. Schon hört Mose ihr Siegesgeschrei.
„Herr, steh uns bei!“, betet er von neuem.
Aaron und Hur stützen seine erhobenen Arme.
Moses Gestalt auf dem Hügel gibt den kämpfenden Hebräern neue Kraft.
Die Schlacht dauert den ganzen Tag.
Aber am Abend kehrt Josua mit seinen Leuten siegreich ins Lager zurück.
Die Amalekiter sind geflohen.
Josua ist erschöpft.
Mose legt die müden Arme auf seine Schultern.
„Ich habe keinen gesehen, der so tapfer gekämpft hat wie du!“, sagt er.
Josua lächelt.
„Dein Gebet hat mich gestärkt.“
Mose wählt Josua zum Feldherrn.
Das Volk jubelt.
Bis tief in die Nacht hinein wird gefeiert, getanzt und gesungen.

Die zehn Gebote

Am Fuß des Horeb lässt Mose das Lager aufschlagen. Eine Quelle ist da. Feigenbäume und Dattelpalmen spenden Schatten.
Die Männer und die großen Jungen kümmern sich um die Herden und die Frauen um Kleider und Nahrung. Die Kleinen spielen zwischen den Zelten.

Eines Tages meldet Josua einen Besuch.
„Ein alter Mann, eine Frau, zwei junge Männer …"
Mose braucht nicht nach ihren Namen zu fragen.
„Jitro, Zippora, Gerschom und Elieser!"
Sie sind es.
Mose eilt ihnen entgegen und umarmt sie. Sie haben sich viel zu erzählen.
Staunend hört Jitro, was in Ägypten alles geschehen ist.
„Gelobt sei der Herr, der euch aus Pharaos Hand befreit hat", sagt er, „der Herr ist größer als alle Götter."
Mose lädt die Ältesten Israels zu einem Festmahl in sein Zelt.
Gerschom und Elieser dürfen dabei sein und zur Linken und Rechten ihres Vaters sitzen.
„Nun trennen wir uns nicht mehr", sagt Mose.

Über Felsen und Schluchten steigt Mose den Berg hinauf.
Von Zeit zu Zeit bleibt er stehen und blickt zurück.
Unten in der Ebene liegen die Zelte. Zwischen den Sträuchern und Olivenbäumen weiden die Herden. Schmale Rauchsäulen steigen zum Himmel auf.
Mose stützt sich auf seinen Stock.
Hier hat Gott ihn zum ersten Mal gerufen, hier hat er seinem Hirtenstock

Kraft verliehen, hier hat er seine Aufgabe empfangen.
„Der Ort, darauf du stehst, ist heiliges Land."
Auf dem Gipfel des Berges hört Mose die Worte wieder.
Gott hat einen neuen Auftrag für ihn bereit.
„Mose! Mose! – In drei Tagen will ich einen Bund mit euch schließen. Ihr sollt mein Eigentum sein vor allen Völkern; denn die ganze Erde ist mein. Gehorcht meiner Stimme! Haltet euch bereit!"

„Ihr werdet Gott nicht sehen, aber ihr werdet seine Kraft spüren", sagt Mose.
Gewaschen und mit sauberen Kleidern angetan, steht das Volk in der Frühe des dritten Tages am Fuße des Berges – Männer, Frauen und Kinder jeden Alters.
Was will Gott von ihnen?
Der Berggipfel ist von einer Wolke verhüllt.
Aus dieser Wolke schlägt jäh eine Flamme.
Die Erde fängt an zu zittern und zu beben.
Auf einen unheimlichen Donnerschlag folgt der Schall einer Posaune.
Es ist für Mose das Zeichen.
Allein steigt er zum Gipfel empor.
Die Menschen sehen, wie die Wolke ihn aufnimmt und einhüllt.
Den ganzen Tag warten sie auf seine Rückkehr.
Was sie am Morgen erlebt haben, erfüllt sie mit Furcht und Demut. Keiner hat die von Mose am Fuße des Gipfels bezeichnete Grenze überschritten.
Sie sind bereit, Gott zu gehorchen.
In der Dämmerung kehrt Mose zurück.
„Fürchtet euch nicht", sagt er, „Gott hat einen Bund mit euch geschlossen, und das sind seine Gesetze:

Ich bin der Herr, dein Gott, der dich
aus Ägypten, aus dem Sklavenhaus,
geführt hat –

Du sollst keine anderen Götter
neben mir haben.

Du sollst dir kein Bild machen
von irgendetwas, um es anzubeten.

Du sollst den Namen des Herrn,
deines Gottes, nicht missbrauchen.

Du sollst den Feiertag heilig halten.

Du sollst deinen Vater und
deine Mutter ehren.

Du sollst nicht töten.

Du sollst nicht ehebrechen.

Du sollst nicht stehlen.

Du sollst über deinen Nächsten
nichts Unwahres reden.

Du sollst nicht begehren,
was deinem Nächsten gehört."

Viele Fragen beschäftigen Mose.
Am Tag, nachdem er die Zehn Gebote empfangen und dem Volk verkündet hat, steigt er wieder auf den Berg.
In der Stille gibt Gott ihm Antwort.
Gott hat Mose eine mühsame Arbeit zugedacht.
„Ritze die Zehn Gebote in zwei steinerne Tafeln!"
Die Arbeit macht Mose glücklich.
Gottes Hand führt ihn dabei.
Josua hat Mose begleitet und ist in seiner Nähe geblieben.
Mit Josua zusammen trägt Mose die beschriebenen Steintafeln ins Lager zurück.
Wie lange sind sie fortgeblieben?
Mose hat weder die Tage noch die Nächte gezählt. Aus dem Lager klingt ihnen schon von weitem Geschrei entgegen.
„Ist es von Räubern überfallen worden?", fragt Josua erschrocken.
„Nein", antwortet Mose, „das ist kein Kriegsgeschrei."
Josua blickt in sein von Zorn und Enttäuschung verdüstertes Gesicht.
Was ist geschehen?
„Komm!", sagt Mose. „Wir müssen uns beeilen."
Auf dem großen Platz in der Mitte des Lagers brennt ein Feuer. Neben dem Feuer auf einem hohen Podest steht ein goldenes Kalb. Die Frauen tanzen, die Männer schreien und johlen.
„Hoch lebe unser neuer Gott!"
Einige Männer haben das Volk gegen Mose aufgehetzt.
„Du sollst keine anderen Götter neben mir haben ... du sollst ... du sollst... Sicher hat sich Mose die Zehn Gebote selbst ausgedacht. Er will uns damit beherrschen. Warum hat Gott keine Gestalt? Warum hört nur Mose seine Stimme?"
Sie haben Aaron bedrängt, bis er nachgegeben hat.
„Wir wollen Götter, wie andere Völker sie haben, Götter, die man bewundern und anbeten kann, Götter aus Gold!"
Nun steht dieser Gott da, ein goldenes Kalb glänzt und gleißt in der Sonne.
Die Frauen haben dafür ihre Ohrgehänge, Ringe, Ketten und Spangen geopfert.
Aaron hat beim Formen und Gießen geholfen.
Stumm betrachtet er das zügellose Treiben. Er ist von Zweifeln erfüllt.
Warum kommt Mose nicht zurück?
Ist er tot?
Hat ein wildes Tier ihn zerrissen?

„Was geht hier vor?"
Mose drängt sich durch die Menge

zur Mitte. Aus seinen Augen blitzt der Zorn. Er wirft die Tafeln auf die Erde. Zerschmettert liegen sie vor seinen Füßen. Das laute Fest nimmt ein jähes Ende.
Mit Händen und Füßen stößt Mose das Götzenbild ins Feuer.
Niemand hält ihn zurück.
„Zerschmelzen sollt ihr es und zu Pulver zerstäuben!“
Ernüchtert stehen die Menschen da.
„Wer für Gott ist, komme her zu mir!“, ruft er mit lauter Stimme.
Aaron ist der Erste an seiner Seite.
Einer nach dem anderen folgt ihm.
Nur die Männer, die das Volk gegen Mose aufgehetzt haben, rühren sich nicht.
„Nein“, murren sie, „wir machen nicht mehr mit. Wo ist das Land, in dem Milch und Honig fließen? Nichts als ein leeres Versprechen. Mose, du hast uns betrogen!“
Zwei feindliche Lager stehen sich gegenüber.
Mit einem geteilten, von Streit zerrissenen Volk kann Mose nicht weiterziehen.
Er sieht keinen anderen Ausweg und gibt seinen Anhängern den Befehl, die Aufrührer anzugreifen.
Plötzlich ist das Lager erfüllt von Kampfgeschrei, vom Klirren der Waffen, dem Stöhnen der Verletzten und der Sterbenden.
Die Frauen und Kinder fliehen in die Wüste hinaus. Der Kampf dauert bis zum Abend.
Dreitausend von den aufrührerischen Männern werden getötet.
In den Zelten liegen die Verwundeten.
Bedrückt und still kehren die Frauen und Kinder ins Lager zurück.
Mose weint.

Nach dem schrecklichen Tag bleibt Mose vierzig Tage und vierzig Nächte auf dem Berg.
Zum zweiten Mal schreibt er die Zehn Gebote auf steinerne Tafeln.
Er isst und trinkt nicht.
„Herr“, fleht er, „verzeihe deinem Volk! Ich will die Strafe auf mich nehmen und an seiner Stelle sterben.“
„Mose, ich habe euch verziehen. Du hast Gnade vor meinen Augen gefunden. Führe das Volk in das Land, das ich Abraham, Isaak und Jakob versprochen habe. Ich werde mit euch sein, wie bisher.“

Mose kniet auf der Erde.
„Herr“, bittet er, „könnte ich nur einmal deine Herrlichkeit schauen!“
„Mein Angesicht kannst du nicht sehen“, antwortet Gott, „ein Mensch, der mich sieht, kann nicht am Leben bleiben. Aber stelle dich in jene Felsspalte und dreh dich um.“
Mose gehorcht.
Er lauscht und erschauert.
Wer hat ihn gestreift?

Wer hat eine Hand auf seine Schulter gelegt?
Wer ist an ihm vorübergegangen?
„Ich bin es, der Herr, ich bin gnädig und barmherzig."
Mit einem leuchtenden Gesicht kehrt Mose ins Lager zurück.

Das Gelobte Land

Silberne Trompeten künden den Aufbruch an. Ein Jahr lang ist Mose mit dem Volk am Berg Horeb geblieben.
Es ist gezählt und nach Stämmen gegliedert.
Auf den Rat seines Schwiegervaters Jitro hat er Führer und Richter über die einzelnen Stämme gesetzt.
Mose hat verschiedene Vorschriften, Gebote und Gesetze erlassen.
Nach sechs Arbeitstagen soll ein Ruhetag gehalten werden.
Dreimal im Jahr wird ein großes Fest gefeiert, das Fest der Saat, das Fest der Ernte und das Pas'chafest, das die Israeliten an den Tag des Auszugs aus Ägypten erinnern soll.
Zu Beginn des zweiten Jahres wird die Stiftshütte eingeweiht. Das ist ein Zelt, mit feinem Linnen, mit blauem und purpurfarbenem Tuch, mit rot gefärbten Ziegen- und Widderfellen ausgeschmückt. In ihm werden die silbernen und goldenen Leuchter aufbewahrt, Josephs Gebeine und die beiden steinernen Gesetzestafeln. Sie liegen in einer Lade aus Akazienholz, innen und außen mit Gold verziert. An zwei ebenfalls mit Gold überzogenen Stangen wird die Lade jetzt dem langen Zug vorausgetragen.
Vor den Kindern, Frauen und alten Leuten gehen die jungen Männer, die über zwanzig Jahre alt sind. Josua, der Feldherr, führt sie.

Nach der langen Rast sind die Mühen der Wüstenwanderung schwer zu ertragen.
„Ach, säßen wir doch wieder an den Fleischtöpfen Ägyptens! Wären wir doch nie ausgezogen!"
Wie oft hat Mose diese Worte schon gehört! Sie erfüllen ihn mit Zorn und Trauer.
Wie schnell vergisst das Volk die Wunder, die Gott an ihm getan hat!
Über Kadesch führt Mose das Volk nach Kanaan, dem versprochenen Land.
An der Grenze sendet er zwölf Kundschafter aus, auch Josua ist unter ihnen.
„Erforscht das Land und erstattet uns genauen Bericht", trägt er ihnen auf.
„Zieht durch das Südland und in die Berge hinauf. Seht nach, wie der Boden beschaffen ist! Seht, ob das Volk, das dort wohnt, stark ist oder schwach, klein oder groß, ob sie in Dörfern oder Städten wohnen. Gebt

euch Mühe! Bringt aus dem Lande ein paar Früchte mit!“

Nach vierzig Tagen kehren die Kundschafter zurück.
„Wir haben das Land gesehen. Hier sind seine Früchte!“
Die Israeliten staunen.
Zwei der Kundschafter tragen auf einem Gestell eine Rebe mit einer einzigen, riesigen Traube herbei, dazu Granatäpfel und Feigen.
„Nun werden wir es uns bald wohl sein lassen!“, jubeln die Leute.
„In diesem Land fließen Milch und Honig“, erzählen die Kundschafter weiter, „aber es ist von großen, starken Männern bewohnt. Wir kamen uns so klein vor wie Heuschrecken. Die Städte sind bewacht und mit Mauern umgeben.“
Der Jubel verstummt. Die Nachricht löst Angst und Empörung aus.
„Die ganze Wanderschaft war umsonst“, jammern die Leute. „Lieber kehren wir nach Ägypten zurück. Warum will uns Gott in dieses Land führen? Nur damit wir im Kampf umkommen?“

Josua und Kaleb, einer seiner Freunde, sind zuversichtlich. Sie versuchen, das Volk umzustimmen. „Gott wird uns beistehen“, sagen sie, „er hat uns noch nie verlassen. Kommt, wir brechen auf und erobern das Land!“

„Nein, wir lassen uns nicht zwingen. Wir lassen uns durch euch nicht ins Unglück bringen!"
Auch Mose und Aaron reden ihnen zu. Es hilft nichts.
Die Angst ist stärker.
Josua und Kaleb sehen in ihren Gedanken das Gelobte Land vor sich.
Vor Enttäuschung und Bitterkeit zerreißen sie ihre Kleider.

Wie lange noch wird Gott mit dem ungläubigen und widerspenstigen Volk Geduld haben?
„Ich habe euch das Land versprochen", sagt er zu Mose, „ich werde dieses Versprechen halten, aber es wird lange dauern. Erst die Kinder der aus Ägypten ausgezogenen Männer und Frauen werden es erleben. Die anderen werden vorher sterben, alle außer Josua und Kaleb."

Gott macht seine Worte wahr.
Noch neununddreißig Jahre lang führt Mose das Volk durch die Wüste.
Kinder werden geboren. Die Alten sterben. Immer kleiner wird die Zahl der aus Ägypten ausgewanderten Sklaven. Langsam verwandelt sich das Volk wieder in ein Volk freier Hirten.
Sie lernen, schwere Zeiten ohne Murren zu überstehen und Not zu ertragen.
Gott ist mit ihnen.

Mose stirbt

„Hier, Josua!", sagt Mose. „Er gehört dir."
Josua zögert. Ehrfürchtig hält er den alten Hirtenstock in seiner Hand.
Mose lächelt.
„Nimm ihn! Nicht ich, du sollst das Volk Israel nach Kanaan hineinführen. Gott hat dich zu meinem Nachfolger bestimmt."
„Und du?", fragt Josua.
„Ich werde bald sterben."
„Aber ..."
„Gott hat mich gerufen", sagt Mose leise. „Geh jetzt, versammle das Volk am Jordan. Ich möchte zu ihm reden."

Dicht gedrängt und nach Stämmen geordnet stehen sie da. Aus Jakobs Söhnen ist das Volk der Hebräer, das Volk Israel geworden. Die Stämme tragen ihre Namen: Ruben, Simeon, Levi, Juda, Isaschar, Sebulon, Dan, Naphtali, Gad, Ascher, Benjamin und Joseph.
Das karge Nomadenleben und der Glaube an Gott haben sie stark und frei gemacht. Die Sklavenzeit ihrer Eltern kennen sie nur vom Hörensagen.
Glücklich ruht Moses Blick auf den gesunden jungen Männern, Frauen und Kindern.
Auch seine Söhne und Enkel sind unter ihnen. Nun weiß er, warum Gott

ihn mit diesem Volk durch die Wüste geführt hat, von Ramses in Ägypten nach Sukkot, von Sukkot nach Etam, von Etam nach Pi-Hahirot. Und nach der Rast am Berg Horeb nach Hazerot, von Hazerot nach Ritma ... und weiter, immer weiter von Wasserstelle zu Wasserstelle, vierzig Jahre lang.
Mose denkt aber auch an die vielen, die in dieser Zeit gestorben sind.
Noch einmal sieht er sie vor sich, Aaron, den treuen Bruder, Zippora, seine Frau, Mirjam, die Schwester ...
Auch für ihn ist die Zeit gekommen.
Die am Berg Horeb aus dem brennenden Dornbusch empfangene Aufgabe ist erfüllt.
Auf der anderen Seite des Jordans liegt das Gelobte Land.
Josua steht neben ihm.
„Hört!“, ruft er der Menge zu. „Mose will zu euch sprechen!“
Es wird still.
„Ich bin hundertundzwanzig Jahre alt“, sagt Mose, „und das versprochene Land liegt vor euch. Josua wird euch hinführen. Gott hat ihn zu meinem Nachfolger bestimmt. Seid getrost und unverzagt. Gott ist mit euch.“
„Wer ist dir gleich, Israel!“, fährt Mose fort. „Der Herr ist dein Schild, der dich beschützt. Er ist ein Fels. Seine Werke sind vollkommen. Er ist ein Gott der Treue, gerecht und redlich.“
Eine Bewegung geht durch die Menschen.
Moses Worte gehen ihnen zu Herzen.
Mose schweigt.
Die Menschen kehren ergriffen in ihre Zelte zurück.
Mose hat sie gesegnet.

Es ist Abend.
„Mose!“, ruft Josua.
Er bringt eine Schale frischer Früchte.
Aber Moses Zelt ist leer.
Josua setzt sich und wartet und weiß doch, dass Mose nie mehr zurückkommen wird.
Er weiß auch, dass er nicht nach ihm suchen darf.
„Mose! Es wird keinen mehr geben wie ihn!“

Einsam steigt Mose zum Berg Nebo hinauf. Vor ihm liegt das Gelobte Land. Er sieht von Gilead bis Dan, er sieht das Gebiet Efraims und Manasses, von Juda bis zum Westmeer, auch das Südland und die Palmenstadt Jericho. Er spürt die Schwere und Müdigkeit in seinem Körper nicht mehr. Im Licht der untergehenden Sonne erklimmt er den Gipfel.

David

David besiegt einen Riesen

David ist jetzt alt genug, um die große Schafherde seines Vaters zu hüten.
„Ist er nicht zu klein und noch zu schwach? Ist er nicht der Jüngste? Hat er nicht noch sieben große, starke Brüder?"
Der Mutter bangt vor dem Abschied. Sie möchte David noch ein Jahr zu Hause behalten.
Aber der Vater sagt: „Auch er muss lernen, sich selbst zu wehren."
Eliab, der Älteste, begleitet David aufs Feld hinaus. Viele Wochen wird er das Haus seiner Eltern nicht mehr sehen.
Die Mutter steht unter der Haustür. David dreht sich immer wieder um. Er schluckt die Tränen hinunter. Er will vor seinem großen Bruder nicht weinen.
Weit dehnen sich die Felder und Hügel vor Davids Augen. In der Ferne sind Himmel und Erde eins. Vereinzelte Bäume mit flachen, dunkelgrünen Kronen werfen lange Schatten auf die rötlich schimmernde Erde.
Die Stadt Bethlehem, in der Davids Eltern wohnen, ragt bald wie eine Insel aus dem Dunst.
Aus Steinen aufgeschichtete niedrige Hütten liegen am Weg. Das sind Hirtenwohnungen. Auch David wird in einer solchen Hütte wohnen.

Zum ersten Mal ist David allein, weit weg von seinen Eltern und Geschwistern.
Er zählt die Schafe. Keines darf verloren gehen.
Le, der Hund, schaut seinen neuen Herrn treu und gehorsam an.
Am Abend richtet sich David in der Steinhütte ein. Es ist wie in einer Höhle. Nur durch den Eingang dringt dünnes Licht. Er muss sich an die Dunkelheit gewöhnen.
David schläft auf Stroh. Er breitet ein sauberes Tuch darüber. Die Mutter hat es gewoben.
In einer Steinnische liegen die harten flachen Brote, das getrocknete Fleisch und Schafskäse. Dazu trinkt er Milch von den Mutterschafen. Sie ist süß und köstlich. Die lederne Hirtentasche und die Harfe hängt er über sein Lager.
David kann lange nicht einschlafen. Er hat Angst und starrt mit offenen Augen in die Dunkelheit. In der Ferne hört er das Heulen eines Wolfes.
Fest hält er die Steinschleuder in seiner Hand. Sie ist seine einzige Waffe.
Langsam gewöhnt sich David an das neue Leben. Er hat viel zu lernen. Aus dem Stand der Sonne liest er die Zeit. Er unterscheidet die Winde. Er weiß, wann das Wetter umschlägt. Er spürt die Unruhe in seiner Herde. Er wittert Gefahren. Er versteht die Sprache des Hundes. Er kennt seine Schafe.
Seine Tage sind ausgefüllt. David übt mit seiner Steinschleuder. Seine Augen werden klar und seine Ohren scharf.
Aber er findet auch Zeit, auf der Wiese zu liegen. Er träumt den Wolken nach und erzählt sich Geschichten, die er sich selbst ausgedacht hat. Er steht mit nackten Beinen im Bach. Er sammelt bunte Kieselsteine und fängt Fische mit der Hand.
Sonne und Wind bräunen seine Haut. Wenn er sich einsam fühlt, spielt er auf der Harfe. Er kennt den Ton jeder Saite. Er spielt, was ihn bewegt, und die Lieder, die seine Mutter ihn gelehrt hat. Wenn nur die Nächte nicht wären.
Jemand kommt übers Feld gelaufen. Gerade auf Davids Weideplatz zu. David legt die Hand über die Augen. Es ist Samma, einer seiner Brüder.
David geht ihm entgegen.
„Was ist geschehen?“
„Komm, David, komm schnell, nach Hause!“, keucht Samma schon von weitem. „Nein, kein Unglück, ein Besuch.“
Was ist das für ein Besuch, dass David mitten am Tag seine Herde verlassen muss?
Auf dem Rückweg erzählt Samma: „Samuel ist bei uns eingekehrt. Er hat nach dir verlangt. Er will dich sehen.“
David erschrickt.
Er hat von Samuel gehört. Samuel ist sehr alt. Alle verehren ihn. Auch der

König. Samuel hört die Stimme Gottes. Er ist ein Prophet.
Diese Ehre für das ganze Haus!
Doch David ist es bange. Wie kann er in seinem einfachen Hirtengewand vor den Propheten treten?

Samuel steht vor Davids Elternhaus. Sein Haar ist weiß und leuchtet in der Sonne. Sein Gesicht ist voller Falten, sein Rücken gebeugt.
Samuel sieht David von weitem kommen. Er faltet die Hände um seinen Stock. Sein Herz ist voller Erwartung. Sein Herz ist ein tiefer Brunnen. Samuel sieht nicht mehr, was um ihn herum vorgeht. Er lauscht nur noch in sich hinein.
Dort hört er Gottes Stimme.
Sie sagt: „Der ist's."
David, der Hirte, kniet vor Samuel und küsst den Saum seines Gewandes.
Samuel streicht ihm mit der Hand übers Haar. Er nimmt sein Horn, mit Gold verziert, voll reinen Öls, und gießt es über den knienden Knaben.
Samuel kennt den Plan Gottes. Er weiß, dass er David zum König machen wird über das Volk Israel. Aber es wird noch lange dauern.
Ohne dass David ahnt, was ihm widerfahren ist, geht er zu seiner Herde zurück.
Was er erlebt hat, bewegt sein Inneres.
Er möchte jauchzen und singen.
Und er weiß, dass er keine Angst mehr haben wird, weder vor der Dunkelheit noch vor wilden Tieren. Gott wohnt in seinem Herzen.
Mit der Harfe kann David am besten ausdrücken, wofür er keine Worte findet – für die Freude.

Es ist Nacht. David schläft. Ein Geräusch weckt ihn. Die Schafe sind unruhig. Er lauscht in die schwarze Dunkelheit hinaus. Jetzt hört er das Bellen des Hundes, dann den Schrei eines Lämmleins.
Ist das nicht Todesangst?
David springt auf, zur Hütte hinaus.
Ein Löwe ist mitten unter seiner Herde. Er hält ein Junges zwischen seinen scharfen Zähnen und macht sich davon. David besinnt sich nicht. Er rennt ihm nach. Er fasst den Löwen an der Mähne und entreißt ihm die wimmernde Beute.
David fürchtet sich nicht.
Der Löwe brüllt auf und stürzt sich auf den Knaben. Er schlägt mit der Pranke auf ihn los. David strauchelt. Der Löwe kommt über ihn. David fühlt den heißen, wilden Atem. Mit letzter Kraft nimmt er seinen Hirtenstab und stößt ihn dem Löwen in den Rachen. Sie wälzen sich auf dem Boden. Der Kampf dauert lange. Davids Feind ist stark. Aber David gibt nicht nach, bis das wilde Tier tot vor seinen Füßen liegt.
Der Schweiß rinnt über Davids Ge-

sicht. Vor Erschöpfung weint er. Blut sickert durch seine Kleider. Der Löwe hat ihn verwundet. Staunend betrachtet er das tote Tier. Dann hebt er das zitternde Lämmlein vom Boden auf und bringt es seiner Mutter zurück. Sie leckt es mit der Zunge. Es ist gerettet.
Müde sinkt David auf sein Lager. Er legt heilende Kräuter auf seine Wunden. Er weiß, dass Gott ihm geholfen hat. Er vergisst nicht, ihm dafür zu danken.

Eines Tages tauchen Reiter auf. Sie halten vor Davids Hütte. Es sind Soldaten des Königs. David erkennt sie an ihren Gewändern. Er grüßt die Männer und bietet ihnen Brot und Käse an.
Der Hauptmann Abner sagt:
„Bist du David, der jüngste Sohn des Isai aus Bethlehem, der einen Löwen besiegt hat und schöner als alle anderen Hirten auf der Harfe zu spielen weiß?"
„Ja, ich bin es", sagt David.
Die Soldaten springen von den unruhig tänzelnden Pferden. Sie setzen sich auf die Erde.
David muss seine Harfe holen. Oh, wie hätte er sich früher gefürchtet!
Jetzt vergisst er alles um sich her. Er versinkt in sein Spiel.
Die Soldaten verstummen. Ergriffen hören sie dem Hirten zu.
„Er ist der Richtige", sagt der Hauptmann leise, „sein Spiel ist wie das Wasser einer klaren Quelle."

Abner reitet mit seinen Soldaten zurück nach Bethlehem. Bei Davids Vater kehrt er ein.
„Ja, David ist der Richtige, um mit seinem Harfenspiel den traurigen König aufzuheitern! Er ist mutig und bescheiden. Er hat einen Löwen getötet und ist des Harfenspiels kundig wie keiner sonst. Er hat schöne Augen und ist von guter Gestalt. Gott wohnt in seinem Herzen."
Der Vater erschrickt bei den Worten des Hauptmanns. Er weiß, dass er den Wunsch des Hauptmanns nicht abschlagen darf. Der Hauptmann ist ein Bote des Königs. Sein Wunsch ist ein Befehl.
„Ja", sagt er, „ich werde David rufen und ihn morgen zum König senden."
Nachdenklich schaut Isai den davonjagenden Reitern nach. Er sorgt sich. Es ist schwer, den Plan Gottes zu begreifen.

Zum zweiten Mal nimmt David Abschied von seinen Eltern und Geschwistern.
Er zieht sein Festgewand an. Der beste Esel aus dem Stall seines Vaters trägt die Geschenke für den König, ein schneeweißes Ziegenböcklein in einem frischen Weidenkorb, Stoffe, Wolle

von den Schafen, frisches Brot und alten Wein.
Seine Harfe hängt an einem glänzenden blauen Band.
Wird der König ihn wieder zurücksenden?
Die Mutter hofft es.
Sehnsüchtig schauen die Brüder David nach.
David wandert den ganzen Tag über Felder, durch Wein- und Ölbaumgärten. Er war noch nie in Gibea. Von weitem erkennt er die Mauern der Stadt und darüber die Türme der königlichen Burg. Was wird ihn dort erwarten?
Er setzt sich eine Weile an den Wegrand. Er versucht, sich den König vorzustellen. Sein Mut und seine Tapferkeit werden vom Volk bewundert und in vielen Liedern besungen. Er hat alle Schlachten gegen die Feinde des Landes gewonnen. Gegen die Ammoniter und die Philister. Immer wieder hat Gott ihm geholfen. Saul ist der erste König des Volkes Israel. Er überragt alle seine Soldaten um eines Hauptes Länge. Wenn er mit ihnen in den Krieg zieht, kämpft er in den vordersten Reihen. Er kennt keine Furcht.
Davids Vater hat oft von den Heldentaten des Königs erzählt. Nun soll David vor ihn treten. – Einen Augenblick wünscht er sich zu seinen Schafen, zu

der Steinhütte und zu seinem Feuer zurück.

Die untergehende Sonne glüht auf den Mauern des Palastes. Mächtige Gittertore verwehren David den Eintritt.
„Was willst du beim König?“, fragen ihn die Wächter.
„Ich bin David, der jüngste Sohn des Isai aus Bethlehem. Ich bringe dem König Geschenke und will ihm auf der Harfe vorspielen.“
Die Wächter lachen.
„Ha, der König braucht starke Männer, Krieger, keine Hirten mit Harfen“, sagen sie.
David weiß nicht, was er darauf antworten soll. Er ist sehr froh, dass der Hauptmann kommt und ihn zum König führt. Staunend geht er über die vielen Treppen, durch Hallen und Säle. Die Böden sind aus bunten Steinen, die Wände aus feinem Zedernholz. David wagt kaum zu atmen. Er geht auf den Zehenspitzen, um mit seinen Ledersandalen nicht zu klappern.
Überall stehen Menschen herum, Wächter und Mägde. Neugierig betrachten sie den einfachen Hirten.

David steht vor Saul. Ehrfürchtig kniet er vor den Stufen des goldenen Thrones nieder.
„Hier“, sagt der Hauptmann, „ist David, des Isai Sohn aus Bethlehem, der Harfenspieler.“

Saul bleibt stumm. Sein Gesicht ist finster. Weder die Frauen in den kostbaren Gewändern noch die Soldaten in den glänzenden Rüstungen wissen, was hinter der Stirn des Königs vorgeht. Sie haben Angst vor dem dunklen, traurigen Blick.
Früher war er anders, fröhlich und zu Taten aufgelegt.
Jetzt ist der König krank.
Wird Davids Harfenspiel dem König helfen?
Alle hoffen es, vor allem Abner, der treue Hauptmann.
„Spiele“, sagt er zu David.
David nimmt die Harfe. Er vergisst, dass er im Palast des Königs in Gibea ist. Er sieht die neugierigen Blicke nicht mehr. Er denkt an die glücklichen Tage auf der Weide, an die Wolken, an die Blumen des Feldes, an den Wind über dem Gras, an seine Geschichten, an den Kampf mit dem Löwen. Und er denkt an Samuel, der mit seinem Blick und mit seinen Worten die Angst von ihm genommen hat.
Und auf einmal lächelt der König. Sein Lächeln spiegelt sich in allen Gesichtern wider.
„David“, sagt er, „ich will dich von nun an in meiner Nähe haben. Dein Harfenspiel macht mich gesund.“

Alle im Schloss haben David lieb, auch Prinz Jonathan, ein Sohn des Königs.

David und Jonathan werden Freunde. Der Prinz ist älter als David. David kann viel von ihm lernen.
Jonathan zeigt ihm, wie man mit Waffen umgeht, wie man ficht und reitet. Dafür erzählt David aus seinem Hirtenleben, von seinen Schafen und seinen Kämpfen mit den wilden Tieren.
Ein Lehrer unterrichtet die beiden Jungen im Lesen und Schreiben und Rechnen. Sie lernen die Namen und den Gang der Sterne kennen. Sie hören von fremden Völkern und alten Zeiten.
David ist glücklich im Schloss. Er wird wie ein Prinz erzogen. Aber trotzdem vergisst er seine Eltern und Geschwister nicht.

Eines Tages kommt eine schlimme Nachricht in den Palast. Die Feinde des Königs, die Philister, rüsten zu einem neuen Krieg. Das schreckliche Wort geht von Mund zu Mund. Einer sagt es dem anderen.
In den Gesichtern der Frauen stehen Angst und Schrecken.
Im Hof werden Waffen geschmiedet und neu geschliffen. Auf den Straßen der Stadt sammeln sich die Soldaten. Harnische und Helme leuchten in der Sonne.
Von Dächern und Türmen des Palastes tönen Posaunen. Fahnen werden aufgerollt, flattern im Winde.
„Hoch lebe Saul, unser König“, schreien die Soldaten. Endlos scheint die Reihe der vorbeirollenden Wagen. David möchte gern mit in den Krieg ziehen. Ist er nicht groß und stark geworden?
Jetzt kommt der König. David erkennt ihn kaum wieder in der kostbaren Rüstung. Ein Soldat trägt den großen Schild, ein anderer den langen Speer. Der König lässt David zu sich rufen. Er legt ihm die Hand aufs Haar. Er ist traurig. Er sagt zu David:
„Du bist noch zu jung, um mitzukommen. Ich will dein Leben nicht aufs Spiel setzen. Geh nach Hause zurück, bis der Krieg vorbei ist. Dein Vater wird dich brauchen können.“
Jonathan zieht mit in den Krieg.
Lange hält er Davids Hand.
Der Abschied fällt ihnen schwer. Wer weiß, ob sie sich wiedersehen.

Der Vater ist froh, dass David nach Hause kommt. Die drei Ältesten sind in den Krieg gezogen, Eliab, Abinadab und Samma. Niemand ist da, der ihre Arbeit verrichtet.
Der Vater ist schon alt. Auch die Mutter hat weißes Haar. Sie umarmt David.
„Wie groß bist du geworden!“, sagt sie.
Alle auf dem Hof bestaunen ihn.
Nein, David ist kein Kind mehr.
Ohne viel Worte zu machen, legt er sein schönes Kleid in den Schrank und

zieht wieder ein Hirtengewand an. Er geht hinaus zu der Herde. Er schämt sich der einfachen und geringen Arbeit nicht.
Le, der Hund, erkennt ihn von weitem. Er rennt ihm entgegen und springt an ihm hoch. Die Schafe drängen sich an ihn.
Wie schön ist es, wieder einmal daheim zu sein.

Auf zwei Hügeln stehen sich die feindlichen Heere gegenüber. Saul wagt nicht, den Feind anzugreifen. Finster sitzt er in seinem Zelt. Seine Verzagtheit nimmt auch den Soldaten allen Mut.
Die Philister haben einen sehr starken Mann bei sich, einen Riesen. Sein Name ist Goliath.
Schwer gerüstet tritt er jeden Morgen und jeden Abend aus seinem Zelt. Ein gewöhnlicher Mann vermag seinen Brustpanzer nicht zu tragen. Auch seine Beine sind mit Harnischen bedeckt. Der Schaft des Speers ist wie ein junger Baum. Sein Schild ist zentnerschwer. Der riesige Helm mit dem roten Federbusch lässt nur einen kleinen Teil des Gesichtes frei.
Der Mann ist aus Eisen. Seine Stimme klingt mächtig wie Donner.
„Wagt denn niemand, mit mir zu kämpfen?“, schreit er. „Wenn einer von euch mich besiegt, so will ich sein Knecht sein.“

Schrecklich tönt sein Hohngelächter. Nein, keiner wagt es, den Kampf gegen den Riesen aufzunehmen. Sogar Saul zittert vor seiner Kraft.

Schon vierzig Tage lang dauert der Krieg. Es kommt zu keiner Entscheidung.
Ungeduldig wartet David bei seiner Herde auf einen Bericht aus dem Heerlager. Oh, warum haben sie ihn nicht mitgenommen? In der Nacht rötet der Schein unzähliger Wachtfeuer den dunklen Himmel.
David ist glücklich, dass ihn der Vater eines Tages mit Nahrungsmitteln für seine Brüder ins Heerlager schickt.
Geröstete Körner, zehn Brote und zehn frische Käse trägt er in seiner Hirtentasche.
Er hofft, nicht nur seine Brüder, sondern auch Jonathan zu sehen, vielleicht sogar den König.

Am frühen Morgen bricht er auf. Die Schafe überlässt er einem Hütebuben. Das Licht versilbert den Tau auf Blumen und Gräsern. Die Vögel jubilieren.
Schon von weitem leuchten die weißen Zelte in der Sonne. Davids Herz schlägt schneller.
Zelte und Wagenburg sind verlassen. Nur einige Wächter lungern herum. Die Soldaten sind ausgezogen. Unten am Bach steht das Heer dem Feind gegenüber. Man hört das Schreien der Männer und Waffengeklirr.
David eilt den Hügel hinunter und fragt nach seinen Brüdern. Endlich findet er sie. Sie erkundigen sich nach den Eltern, nach dem Stand der Arbeit und nach der Herde.
Aber während David noch mit ihnen redet, tritt Goliath hervor.
Wie jeden Tag schreit er:
„Ihr Hasenherzen! Wagt denn noch niemand, mit mir zu kämpfen?“
Staunend betrachtet David den Riesen. Er sieht, wie sich seine Brüder und die anderen Krieger fürchten. Er hört, wie Goliath König Saul und den unsichtbaren Gott Israels verspottet.
„Das darf nicht sein!“
Davids Herz empört sich.
„Ich will gegen ihn kämpfen!“, ruft David mit glühenden Augen.
Eliab ist zornig.
„Schweig, David!“, sagt er. „Du bist ein Prahler. Du wärest besser bei deinen Schafen geblieben. Nur aus Neugier und um dich wichtig zu machen, bist du gekommen.“
David ist traurig.
„Eliab, was habe ich dir denn Böses getan, dass du so mit mir redest?“
David spürt, dass er trotzdem gegen Goliath kämpfen muss. Sein Herz befiehlt es ihm. Er wendet sich von seinem Bruder ab und sagt noch einmal:
„Ich will gegen Goliath kämpfen!“

Die Soldaten umringen David.
„Wie willst du in deinem Hirtengewand und ohne Rüstung und ohne Speer gegen einen Riesen kämpfen? Du willst wohl reich werden und die schöne Königstochter heiraten!"
Alle lachen, aber zugleich bewundern sie seinen Mut.
David verstummt. Nein, nicht weil Saul demjenigen, der Goliath besiegt, seine Tochter und Reichtum versprochen hat, will David mit Goliath kämpfen. Nicht, um für sich Ruhm und Ehre zu gewinnen; nein, nicht deswegen! Aber David duldet nicht, dass man Gott, den König und sein Volk verspottet!

Sie führen David vor Saul.
Zum ersten Mal seit vielen Wochen lächelt der König. „Hast du deine Harfe mitgebracht?", fragt er. „Ich könnte ihren Trost wohl brauchen."
„Nein, mein König", sagt David. „Ich will gegen Goliath kämpfen."
Der König winkt David zu sich heran. Leise sagt er: „David, du bist noch jung. Du weißt nicht mit Schild und Speer umzugehen. Ich will nicht, dass er dich tötet."
David gibt nicht nach.
Leidenschaftlich ruft er:
„Habe ich nicht einen Löwen getötet? Hat der König jemals Angst in meinen Augen gesehen?"
Sinnend betrachtet Saul den Hirten.
„Gut, ich will dich gehen lassen. Gott sei mir dir!"

„Zieht ihm meine Rüstung an, setzt ihm meinen Helm auf den Kopf, gebt ihm mein Schwert", befiehlt der König seinen Waffenträgern.
Aber es ist wahr, was der König gesagt hat. David weiß nicht mit Schild und Speer umzugehen. Die schwere Rüstung drückt ihn. Er kann kaum Arme und Beine bewegen.
Er versucht einige Schritte zu gehen.
Er weiß, dass er in dieser Rüstung niemals siegen wird.
David kehrt um und legt die Rüstung wieder ab.
In seinem Hirtengewand, die Tasche über der Schulter, den Stab in der einen und die Steinschleuder in der anderen Hand, geht David zum Wasser hinunter, um Goliath zum Kampf aufzufordern.

Geschrei und Waffenlärm sind verstummt.
Atemlos schauen die Soldaten aus beiden Lagern zu, was nun geschieht.
David bückt sich und sucht fünf glatte Steine am Ufer des Baches.
Schwer in seiner Rüstung kommt ihm Goliath entgegen. Er wird David erdrücken. Voller Verachtung schaut er ihn an.
Will man ihn, den stärksten Mann seines Volkes, verspotten?

„Bin ich denn ein Hund", schreit er. „Dass ich gegen einen Knaben kämpfen soll, gegen so einen Schwächling? Gut, so will ich ihn mit einer winzigen Bewegung meiner Hand umbringen. Die Vögel und die Tiere auf dem Feld sollen sein Fleisch fressen."
Goliath hebt den Arm mit dem Speer und zielt.
Er will David ins Herz treffen.
Doch David kommt ihm zuvor. Er hat seine Schleuder gespannt. Scharf pfeift der glatte, spitze Stein durch die Luft.
Goliath wankt, an der Schläfe getroffen. Sein erhobener Arm sinkt hinunter. Der Speer gleitet ihm aus der Hand. Er stürzt zu Boden.
Ein Schrei erhebt sich.
„Sieg! Sieg!", rufen die Soldaten Sauls.
Goliath ist tot.
Die Philister fliehen. Die Israeliter verfolgen sie, töten viele und jagen sie hinter die Mauern der Stadt Ekron zurück.
Verwirrt steht David neben dem gefallenen Riesen.
Ist er wirklich tot? David bückt sich über ihn. Er zieht dem Riesen das Schwert aus der Scheide und schlägt ihm den Kopf ab.
Nie mehr wieder wird diese Zunge höhnen und lästern, nie mehr wird sie Gott verspotten!
Soldaten tragen das Haupt Goliaths vor das Zelt des Königs, zum Zeichen des Sieges.
Auch der König kann es kaum fassen. „Ist es auch wahr?", fragt er immer wieder Abner, seinen Hauptmann.
„Ja, es ist wahr. David hat Goliath besiegt."
Demütig tritt er vor den König. Saul umarmt ihn. Er dankt ihm und hält sein Versprechen. Er macht David zu seinem Feldherrn.
Und später wird er ihm auch Michal, sein liebstes Kind, zur Frau geben.
Im Wagen des Königs fährt David nach Gibea.
Menschen stehen an den Straßen, Frauen und Kinder. Sie jubeln David zu. Von überall her ziehen sie ihm entgegen mit Pauken, mit Zimbeln, mit Gesang und Geigen.
In den Straßen Gibeas feiert das Volk bis tief in die Nacht hinein den Sieg. Immer von neuem wird erzählt, wie David Sauls Rüstung verschmähte, wie er die Steine suchte und wie er getroffen hat. Der Name Davids ist in aller Munde.

Im Königspalast findet ein Fest statt. Tausende von Fackeln brennen. Es wird gegessen und getrunken, getanzt und gesungen.
Aus Bethlehem sind Davids Eltern und Brüder gekommen. Eliab schämt und fürchtet sich. Seine bösen Worte

tun ihm Leid. Aber David hat ihm längst verziehen.
Samuel, der Prophet aus Rama, ist da. Er küsst den jungen Feldherrn auf die Stirn. Samuel weiß, dass Gott ihn auserwählt hat. Voll Güte ruht sein Blick in Davids Augen.
David kann so viel Freude kaum fassen. Er geht auf die Terrasse des Palastes hinaus.
Der Himmel ist voller Sterne. Der Mond erhellt das Land. Man sieht bis zu den fernen Bergen. David ist von Liebe zu seiner Heimat erfüllt.
Plötzlich steht jemand neben ihm.
Es ist Jonathan. Sie schweigen lange. Aber bevor sie wieder in den Festtrubel zurückkehren, versprechen sie einander, immer Freunde zu bleiben. Sie wollen sich beistehen und helfen, was in Zukunft auch geschehen mag.

David wird König

Saul fährt mit David durch die Stadt. Der königliche Wagen ist mit weißen Pferden bespannt. Davor reiten bewaffnete Soldaten.
Der Hauptmann Abner ist unter ihnen. Er sorgt für Ordnung. Wo Saul mit seinem jungen Feldherrn hinkommt, strömen Männer, Frauen und Kinder zusammen.
„Es lebe David, unser Feldherr", rufen die Männer.
„Er hat den Riesen Goliath besiegt", schreien die Jungen.
David winkt. Er lacht. Die Mütter strecken ihm ihre Kinder entgegen.
David lässt den Wagen anhalten. Er steigt aus. Er nimmt die Kleinen auf den Arm und streichelt sie. Für alle hat er ein Lächeln und ein freundliches Wort.
Unbewegt schaut der König zu.
Ist er nicht stolz auf seinen jungen Feldherrn? Warum wird sein Gesicht plötzlich so finster?
„Weiter, weiter", befiehlt er.
Die Soldaten drängen die Menschen zur Seite.
Viele begehren auf. Sie möchten David noch nicht gehen lassen. Der König wird ungeduldig.
„Weiter", sagt er noch einmal. Seine Stimme ist hart und zornig.
David hat kaum Zeit, wieder in den Wagen zu steigen.
Die Pferde bäumen sich auf und wiehern. Sie ziehen an. Enttäuscht schaut das Volk dem davonstiebenden Gefährt nach.
„Es lebe David, es lebe David!", rufen die Männer. „Saul hat tausend geschlagen, aber David zehntausend! Hoch lebe David!"

Der König vergisst diese Worte nicht. Die Eifersucht nagt an seinem Herzen. Er sieht, wie das Volk David feiert. Er spürt, wie es ihn liebt.

„Möchte das Volk David zum König machen?"
Der Gedanke lässt ihm keine Ruhe mehr. Er verfolgt und verwirrt seinen Geist. Ziellos durchwandert der kranke König seinen riesigen Palast. In der Nacht schreckt er aus wilden Träumen auf: David zielt mit der Steinschleuder auf ihn. Er trägt die Krone auf dem Kopf ...
„Nein", schwört Saul, „nie soll David König werden. Eher will ich ihn töten."
Auch während des Tages ist das Gesicht des Königs verschlossen.
Die Menschen gehen ihm aus dem Wege. Sogar seine Kinder fürchten ihn.

David fühlt den Hass des Königs. Er ist nachdenklich und still.
„Du bist nicht mehr wie früher", sagt Jonathan.
David nickt.
„Ich habe Angst vor dem König", sagt er leise.
Jonathan erschrickt. Er weiß um die Eifersucht seines Vaters. Er erinnert David an das, was sie einander versprochen haben.
Sie wollen sich beistehen und helfen, was in Zukunft auch geschehen mag.
Jonathan möchte David trösten und beruhigen. Er zieht seinen Rock aus. Er löst den Gürtel mit dem schönen Schwert.
„David, behalte beides, zum Zeichen unserer Freundschaft."
Davids Augen leuchten.
Auch er möchte Jonathan etwas schenken, was ihm lieb ist.
Er nimmt die Steinschleuder aus seiner Tasche. Er hält sie seinem Freund hin. Sinnend betrachtet Jonathan die einfache Hirtenwaffe.
Und David sagt: „Von nun an gehört sie dir."

Der König ruft David zu sich.
„Ich möchte wieder einmal dein Harfenspiel hören."
David freut sich, einen Wunsch des Königs zu erfüllen. Es ist lange her seit dem letzten Mal. Vieles hat sich inzwischen verändert.
Groß und stark steht David vor dem König. Seine Augen sind hell und klar. Der König fürchtet sich vor ihnen.
David trägt Jonathans Rock und Schwert.
Saul stöhnt. Jonathans Rock, Jonathans Schwert ...
Oh, nicht nur das Volk in den Straßen, auch meine Kinder lieben ihn mehr als mich, denkt er.
Er darf es nicht dulden. David muss sterben. Er greift nach seinem Speer.
David springt auf.
Erschrocken begegnet er dem irren Blick, sieht die Waffe, den erhobenen Arm ...
„Nur fort, nur fort ..."

Schon schwirrt der Speer durch die Luft. Er bleibt in der Wand stecken. Der Schaft zittert.

Der König starrt auf den leeren Platz neben Davids Harfe. Ein Windhauch kommt durchs offene Fenster und bewegt die Stille.
Ist jemand im Zimmer?
Angstvoll blickt Saul um sich.
Er hört nur seinen eigenen Atem.
Armer König. Hat Gott ihn verlassen?

David flüchtet zu Jonathan. Ihm erzählt er, was geschehen ist. David will nach Hause zurück, zu seinen Eltern und Geschwistern.
„Kann ich länger bleiben, wo man mich verfolgt und nach meinem Leben trachtet?“, fragt er.
Aber Jonathan verspricht David, mit dem Vater zu reden. Er will den König umstimmen. Jonathan ist tapfer. Er hat sich im Kampf bewährt. Nach Sauls Tod soll er König werden. Sicher wird Saul seinem Sohn einen Wunsch erfüllen.
Auch Michal, die Prinzessin, bittet David auszuharren.
Ihren guten Worten kann David nicht widerstehen.
Michal und David haben einander lieb.
Abner, der Hauptmann, erinnert Saul an sein Versprechen.
„Gut“, sagt der König, „David soll

Michal heiraten, aber zuvor soll er einen neuen Krieg gegen unsere Feinde gewinnen, hundert tote Philister fordere ich als Geschenk von ihm."
Der König lacht.
Was ihm, Saul, mit dem Speer nicht gelungen ist, werden die Philister vollbringen. Sie werden David im Kampf töten.
Aber der teuflische Plan des Königs misslingt.
Die wenigen Soldaten, die David begleiten, stehen ihm tapfer zur Seite. Sie sind bereit, für ihren Feldherrn zu sterben.
Siegreich kommen sie zurück. Der König kann die gefallenen Feinde zählen. Zweihundert sind es an der Zahl.
David hofft, Saul würde sich nun wieder mit ihm versöhnen.

„Ich halte mein Versprechen", sagt der König.
Michal wird Davids Frau.
Saul schenkt dem jungen Paar ein großes Haus in der Nähe des Palastes.
Am Tag des Hochzeitsfestes sammeln sich die Menschen zu tausenden vor dem Schloss. Sie wollen die glückliche Prinzessin und David, den Hirten, sehen. Wieder wird musiziert, getanzt und gesungen.
David steht mit Michal am offenen Fenster. Er hält Michals Hand.
„David, David, David!"
Wie ein Lied steigt der Name in den Himmel hinauf.
Ist es nicht ein unvergesslicher Tag?
Nur Samuel beobachtet voller Sorge den König. Er ist der Einzige, der seine Gedanken lesen kann. Samuel will das schöne Fest nicht verderben. Traurig geht er nach Rama zurück.
Er bittet Gott, seine Hand weiter über David und das Volk Israel zu halten.

Samuel hat sich nicht getäuscht.
Nach der Hochzeit verdüstert sich Sauls Gesicht von neuem.
Abner ist voll Sorge um seinen Herrn. Jonathan versucht, mit dem Vater zu reden. Es ist schwer.
„Was willst du?", fragt der König.
Mutig sagt Jonathan: „Vater, was hat dir David getan, dass du nach seinem Leben trachtest? Ist er nicht dein treuester Knecht? Hat er uns nicht vor den Philistern gerettet? – Vater, David ist mein Freund. Er ist mir wie ein Bruder. Michal hat ihn lieb. Er ist unschuldig. Gott wohnt in seinem Herzen."
Jonathan redet und redet. Nur das Beste will er von David sagen.
Sinnend betrachtet Saul seinen Sohn. Wie muss er David achten und lieben, dass er so für ihn eintritt.
Der König reicht ihm die Hand.
„Ich will David von nun an in Ruhe lassen", verspricht der König. „Alles soll wieder so sein wie früher."

Der König hält sein Versprechen nicht.
Während David ihm auf der Harfe vorspielt, wirft Saul zum zweiten Mal den Speer nach ihm.
Nein, Gott lässt nicht zu, dass ihm etwas geschieht. Unverletzt rettet er sich in sein Haus.
David ist traurig und mutlos. Alle seine Versuche, den König zu versöhnen, sind vergeblich. Jonathans Worte haben nichts ausgerichtet.
Bei Michal findet David Trost und Halt.

Der König tobt.
„Geht in der Nacht zu Davids Haus, fesselt ihn, bringt ihn aufs Schloss!", befiehlt er seinen Soldaten.
Keiner wagt, dem König zu widersprechen.
Morgen, bevor der erste Hahn kräht, soll David sterben.
Michal hört die Soldaten kommen. Sie ahnt, was es bedeutet.
David muss fliehen. Aber wie?
An einem Seil lässt Michal David durch ein Fenster zur Erde nieder. In der Dunkelheit entkommt er. Aus Ziegenfellen formt sie schnell eine Puppe und legt sie in Davids Bett.
„Aufgemacht! Im Namen des Königs!", schreit da der Anführer der Soldaten. Drohend schlägt er mit seiner Waffe an das verschlossene Tor.
Jetzt lässt Michal es öffnen.
„Was ist geschehen? Was wollt ihr, mitten in der Nacht?"
Michal bleibt ruhig. Sie verbirgt ihre Angst.
„Wo ist David? Er muss zum König!"
Michal versucht, die Soldaten aufzuhalten. Sie legt den Finger an den Mund.
„Er schläft", flüstert sie, „er hat sich beim Reiten den Fuß verletzt und kann nicht aufstehen. Geht, richtet es meinem Vater aus!"
Der Anführer bleibt hart. Er darf nicht ohne David zurückkommen.
Er sagt: „Gut, so werden wir ihn auf seinem Lager zum König bringen. Wo ist er?"
Weder der Anführer noch die Soldaten merken in der Finsternis, dass sie ein leeres Bett in die Burg hinübertragen.

David in seiner Verzweiflung hat nur einen Gedanken: Samuel!
Auf Umwegen erreicht er Rama. Er ist ohne Waffen. Erschöpft, wie ein Bettler, steht er vor Samuels Haus. Hinter den Bergen, wo die Wüste liegt, färbt sich der Himmel. Bald wird die Sonne aufgehen.
Es ist, als ob der Prophet David erwartet hätte. Er nimmt ihn an die Hand und führt ihn in seine Stube. Eine Öllampe brennt. Die Flamme flackert. Schatten springen über eine geöffnete Schriftrolle, die auf dem Tisch liegt.

David setzt sich. Samuel wischt ihm mit einem Tuch den Schweiß von der Stirn. Er bringt ihm eine Schüssel Wasser, damit er seine müden Füße kühlen kann. Schweigend hört er zu, was David erzählt.
Nachher sagt er: „David, viel Schweres steht dir bevor. Aber Gott hält seine Hand über dich. Fürchte dich nicht. Das Leid macht dich stark.“ Er legt ihm die Hand aufs Haar. Der Aufruhr in Davids Herzen löst sich. Er wird ruhig.
Geborgen in Samuels Nähe, schläft David ein.

Saul lässt die Soldaten, die ihm das leere Bett Davids gebracht haben, ins Gefängnis werfen. Michal darf sich nicht mehr auf dem Schloss zeigen.
„Meine eigenen Kinder betrügen mich. David hat sie gegen mich aufgehetzt“, sagt er zu Abner.
Jonathan versucht noch einmal, seinen Vater umzustimmen. Er erinnert ihn an sein Versprechen, David in Ruhe zu lassen.
Saul rast.
„Verräter“, schreit er Jonathan ins Gesicht.
Er beherrscht sich nicht mehr. Er richtet den Speer, mit dem er David verfehlt hat, auf seinen eigenen Sohn. Die scharfe Spitze reißt eine Wunde in Jonathans Arm. Blut fließt.
Entsetzt schauen die Umstehenden zu. Abner versucht, den rasenden König zu beruhigen.
Mit Tränen in den Augen verlässt Jonathan den Saal.
Michal pflegt seine Wunde.
Beide sind entschlossen, David zu helfen. Sie wissen nun, dass Saul alles tun wird, um ihn zu vernichten. Er darf auf keinen Fall nach Gibea zurückkommen. Sie müssen ihn warnen.
Jonathan vermutet, dass David zu Samuel geflüchtet ist und sich bei ihm versteckt hält. Er schickt einen verschwiegenen Boten nach Rama.
„David, komm morgen Abend vor dem Einbrechen der Dunkelheit zum Stein Asel. Ich habe Wichtiges mit dir zu besprechen“, lässt er ihm ausrichten.

Neu gestärkt kommt David aus Rama. Wird ihm Jonathan gute Nachrichten bringen?
Rechtzeitig trifft er am verabredeten Ort ein. Dunkel erheben sich die Mauern und Türme Gibeas. Um keinen Verdacht zu erwecken, kommt Jonathan mit seinem Waffenträger.
„Ich will mich vor der Stadt im Bogenschießen üben“, hat er im Schloss gesagt.
Nun schießt er die Pfeile hoch in die Luft. Der Knabe liest sie zusammen und bringt sie seinem Herrn zurück.
Ruhig bleibt David hinter dem Stein verborgen, bis Jonathan den Waffen-

träger mit Bogen und Pfeilen vorausschickt.
„Ich komme nach“, hört David ihn rufen. Unbeschwert hüpft der Junge davon.
Die Dunkelheit ist angebrochen. Endlich können die Freunde in Ruhe miteinander sprechen. Jonathan zeigt David die Wunde am Arm. Er ist ernst und traurig.
„Der König hat deinen Tod beschlossen“, sagt er. David denkt an Samuels Worte: „Viel Schweres steht dir bevor. Aber Gott hält seine Hand über dich. Fürchte dich nicht. Das Leid macht dich stark.“
Diese Worte sagt er Jonathan zum Abschied.
Die Freunde umarmen sich. Jonathan kehrt in die Stadt zurück. David schaut ihm nach. Er weint.

Seit der Begegnung mit Jonathan beim Stein Asel ist David auf der Flucht.
Der König verfolgt ihn mit seinem Heer.
In der Stadt Nobe sucht David für eine Nacht Unterkunft bei Ahimelech. Ahimelech ist ein Priester, ein Freund Samuels.
Der alte Mann wundert sich. Er weiß nicht, was in Gibea geschehen ist.
David kommt allein, ohne Waffen, ohne seine Rüstung. Sein Rock ist verstaubt, sein Gesicht vor Müdigkeit eingefallen.
„Nimm mich für eine Nacht auf“, bittet David. Der Priester fragt nicht weiter. Er spürt, dass David nichts Böses getan hat.
Während David schläft, bleibt Ahimelech wach. Er betet. Er erinnert sich an das Schwert in der Truhe. Er hat es unten am Bach gefunden, damals nach dem Kampf Davids mit dem Riesen. Es ist Goliaths Schwert. Wie gut, dass er es aufbewahrt und gehütet hat.
„Es gehört dir“, sagt er am anderen Morgen zu David.
David nimmt das Schwert staunend in die Hand. Er prüft es. Es ist groß und schwer, die Klinge scharf und glänzend.

Dankbar nimmt David von Ahimelech und seiner Familie Abschied.
Der Priester segnet ihn.
Gott wird David nicht verlassen. Das Schwert ist ein Zeichen.

In Wäldern und Höhlen hält sich David versteckt. Bei Freunden und Hirten findet er Zuflucht, bekommt zu essen und erfährt Neuigkeiten.
Er ist nicht mehr allein. Junge tapfere Männer begleiten ihn. Sie teilen mit ihm Not und Entbehrung. Auch seine Brüder sind dabei.
Saul lässt David im ganzen Land als Verräter ausrufen. Wer zu David hält, muss sterben.
Davids alte Eltern flüchten in ein fremdes Land. Alles, was ihnen lieb ist, lassen sie zurück.
Das Volk misstraut dem König. Viele sind von Davids Unschuld überzeugt. Aber noch wagt sich niemand für ihn zu wehren.
Der König ist mächtig. Seine Soldaten sind grausam.
Saul lässt dem Flüchtigen keine Ruhe. Er folgt ihm nach Rama und von Rama nach Nobe.
Er erfährt, dass Ahimelech David Zuflucht gewährte. Ein Nachbar hat ihn verraten.
Wer einen Feind des Königs schützt, muss sterben.
Ohne Erbarmen lässt der König Ahimelech und seine Familie hinrichten.
Nur ein Sohn des Priesters, namens Abjathar, entkommt.
Nach langem Umherirren stößt er im Walde Hereth auf David und seine Freunde. Vor Erschöpfung und Hunger bricht er zusammen.
David erkennt ihn.
„Ein Sohn Ahimelechs“, erklärt er den anderen. Er kniet bei ihm nieder. Er legt ihm kühlende Kräuter auf die Stirn und flößt ihm Wasser ein, bis Abjathar wieder zu sich kommt. Er berichtet von der schrecklichen Tat des Königs.
Alle empören sich.
„Abjathar“, sagt David, „bleibe bei mir. Ich will in Zukunft wie ein Vater für dich sorgen.“
Ein dankbares und glückliches Lächeln geht über das Gesicht des Jungen. Er weiß, dass er in Davids Nähe nichts mehr zu fürchten braucht.

Gehetzt vom Heer Sauls, flüchtet David von Ort zu Ort. Nie weiß er, wo er am Abend sein Haupt zum Schlafen hinlegen kann.
Am Rande der Wüste Engedi entdeckt er eines Tages eine Höhle. Der Eingang ist klein, aber im Innern ist sie dunkel und tief, ein wunderbares Versteck für David und seine Schar.
Tagelang haben sie nicht mehr gerastet. Saul ist ihnen dicht auf den Fersen. Sie sind müde.
In der Höhle fühlen sie sich sicher.

Wie gut ist es, wieder einmal zu schlafen.
Aber mitten in der Nacht schreckt David auf.
Vor dem Höhleneingang sind Stimmengewirr, leise Befehle und Pferdegewieher zu hören.
Es ist der König mit seinen Soldaten. Der Schreck nimmt David einen Augenblick den Atem. Er ist verloren. Hat der König sein Versteck entdeckt? Dann besinnt er sich. Ist er nicht in der Hand Gottes, was auch geschehen mag?
Er weckt seine Freunde. Lautlos ziehen sie sich in die Tiefe der Höhle zurück.
David bleibt am Eingang. Er erkennt Abners Stimme: „Hier, mein König, eine Höhle. Sie wird euch schützen. Die Soldaten schlafen im Freien. Die Wachen sind bestellt."
„Wecke mich, wenn die Sonne aufgeht", sagt Saul. Er kriecht in die Höhle hinein.
David presst seinen Körper an die feuchte Felswand.
Der König nimmt in der Dunkelheit nichts wahr. Er legt sich auf die Erde und deckt sich mit seinem Mantel zu. Es wird still.
„Töte ihn", flüstern Davids Freunde.
David zieht sein Schwert und beugt sich über den schlafenden König. Sauls Gesicht ist alt geworden, von vielen Falten zerfurcht. Seine Haare sind grau. Unruhig bewegt er die Hände im Schlaf.
Lange sieht David in das Gesicht seines Feindes. Er versucht es zu verstehen.
„David", sagt plötzlich eine Stimme, „David, tue ihm kein Leid an. Das Gericht ist mein."
Woher kommt diese Stimme? Sie ist klar und deutlich. David erschauert. Es ist die Stimme Gottes. Zum ersten Mal vernimmt David sie in seinem Herzen.
Vorsichtig schneidet er ein kleines Stück von Sauls Mantel ab. Dann steckt er das Schwert wieder in die Scheide.
Schweigend schauen Davids Freunde zu. Sie verstehen nicht, was ihren Herrn so seltsam bewegt.

Der Morgen bricht an. Die Sonne steht am Himmel, eine rote feurige Kugel.
Die Krieger des Königs sind aufgebrochen. An der Seite seines Hauptmanns Abner folgt Saul seinem Heer.
Jetzt tritt David vor die Höhle. Er erhebt seine Stimme:
„Mein Herr König!"
Die Felsen tragen den Ruf weiter. Als Echo kommt er zurück:
„Mein Herr Kööönig ...!"
Jäh dreht sich Saul im Sattel um. Er fährt mit der Hand über die Augen. Träumt er?

Auch Abner starrt erschrocken zu der Höhle hinauf, die der König eben verlassen hat.
David hält das abgeschnittene Stück des königlichen Mantels in die Höhe. Er ruft: „Mein Herr König, Gott hat dich in meine Hand gegeben. Ich hätte dich töten können. Sieh, das Stück deines Mantels! Glaubst du nun, dass ich nichts Böses gegen dich habe?"
Saul wird blass unter seinem Helm. Er findet keine Antwort.
Er wendet sich ab.
Er gibt seinem Pferd die Sporen.
„Zurück nach Gibea", ruft er Abner zu.
Es ist gut, dass Saul nach Gibea zurückkehrt. Von den Türmen der königlichen Burg wehen die schwarzen Fahnen. Überall in den Straßen stehen die Menschen zusammen. Ihre Gesichter und Gespräche sind voll Sorge. In der Nacht ist Samuel, der Prophet, gestorben. In Rama wird Samuel begraben.
Das Volk bangt um die Zukunft des Landes. Solange Saul seine Feindschaft gegen David nicht aufgibt, kann es zu einem Bruderkrieg kommen. Die Botschaft von Samuels Tod dringt auch zu David. Nun weiß er, warum er in jener Nacht Gottes Stimme vernommen hat.
Seine Freunde teilen mit ihm den Schmerz um den großen Propheten. David sammelt sie um sich. Er erzählt ihnen aus Samuels Leben. Er erinnert sich an jedes Wort, das Samuel zu ihm gesprochen hat.

Nach dem Begräbnis von Samuel vernimmt Saul, dass sich David mit seiner Schar auf dem Hügel Hachila vor der Wüste Siph versteckt hält. Saul zieht mit dreitausend jungen Israeliten dorthin. Er will David einkreisen. Diesmal wird er ihm nicht mehr entgehen.
In der Nacht entdeckt David das königliche Zeltlager.
„Wer will mit mir hinab in Sauls Lager?", fragt er seine Freunde.
Sie warnen ihn. Das Zelt des Königs ist von vielen Wagen umstellt. Der Hauptmann hat die Wachen verdoppelt.
Nur Abisai, einer von seinen treuesten Männern, fürchtet sich nicht.
„Ich lasse dich nicht allein gehen, David", sagt er. Die beiden Gestalten verschwinden in der Dunkelheit.
David hat nicht vergessen, was er als Hirte gelernt hat. Seine Augen sehen durch die Nacht, seine Ohren sind scharf.
Auf dem Bauch schleichen sie Sauls Wagenburg an. Zwischen Wachen und Rädern kriechen sie vor Sauls Zelt. Abner und die Waffenträger des Königs schlafen.
Noch einmal hat Gott den König in Davids Hand gegeben.

Saul ist vom Mondlicht beschienen.
„Ich will ihn mit dem Speer erstechen!“, flüstert Abisai David zu.
Aber David wehrt ihm. Er hat die Stimme Gottes in der Höhle nicht vergessen.
„Sollen wir einen Wehrlosen töten? Gott wird ihn bestrafen. Nicht deswegen bin ich gekommen“, sagt er.
„Nimm den goldenen Becher und den Speer des Königs, ihm aber soll von meiner Hand kein Leid geschehen.“

„Mein Herr König!“
Davids Gestalt taucht über dem Rand des Hügels auf.
„Mein Herr König!“
Saul zuckt zusammen. Er will diese Stimme nicht hören. Er versteckt sein Gesicht in beiden Händen.
„Ja, es ist die Stimme deines Knechtes David. Suchst du nach deinem Speer und nach deinem Becher? – Hier sind sie. Sende deinen Waffenträger, dass er dir dein Eigentum wiederbringe!“
Im Lager Sauls ist es still geworden. Mit offenem Munde stehen die Soldaten da. Wie ein Wunder bestaunen sie David. Wie hat er das fertig gebracht? Abner kann es nicht fassen.
David ruft ihm zu: „Abner, bist du nicht der tapferste unter den Soldaten des Königs? Warum hast du deinen Herrn nicht besser behütet? Sieh, er war letzte Nacht in meiner Hand, ich hätte ihn töten können!“
Saul weint.
„Gesegnet seist du, mein Sohn David“, ruft er.
Aber David glaubt seinen Worten nicht mehr.

Saul hört nicht auf, David zu verfolgen. Sein Heer umzingelt ihn und treibt ihn an die Grenzen des Landes. Seit vielen Wochen ist David auf der Flucht.
Im Lande der Feinde, bei den Philistern, sucht David Schutz und Zuflucht. Er weiß keine andere Lösung. Er ist des Verfolgtseins müde.
Achis, der junge Philisterkönig, nimmt David auf. Er hat von der Feindschaft zwischen David und Saul gehört. Er bewundert Davids Tapferkeit und Großmut. Und vielleicht, so hofft er, wird er mit Davids Hilfe den nächsten Krieg gegen die Israeliten gewinnen.
In der Stadt Ziklag darf David mit seinen Freunden wohnen.
Ein Jahr und vier Monate bleibt David in Ziklag. In dieser Zeit rüstet Achis zum Krieg gegen Saul. David soll ihn mit seinen Männern begleiten.
Aber viele Philister haben nicht vergessen, dass David einst Goliath, ihren stärksten Mann, getötet hat. Sie trauen ihm nicht.
„Er ist nur ein Flüchtling in unserem Land. Er soll sich nicht in unseren Krieg gegen Saul einmischen“, geben sie ihrem König zu bedenken.

Der König gibt nach. Und David ist froh, dass er nicht gegen seine eigenen Landsleute kämpfen muss.
Noch nie, seit Saul König ist, hat er sich vor einem Krieg so gefürchtet wie jetzt. An der Seite der Philister wird sich David rächen. Das feindliche Heer ist stark.
Saul kann sich zu keinem Angriff entscheiden. Sein Heer lagert auf dem Berg Gilboa. Wie lange hat er nicht mehr gebetet? In seiner Verzweiflung bittet er Gott um ein Zeichen. Aber Gott bleibt stumm.
Abner versucht, den König zu trösten. Er kennt eine Wahrsagerin in Endor. Vielleicht weiß sie eine Antwort auf die Fragen des Königs.
In der Dunkelheit macht er sich mit dem König auf. Um nicht erkannt zu werden, haben sich beide als Kaufleute verkleidet.
Die Wahrsagerin ist alt. Misstrauisch mustert sie die beiden Gäste. Mit einer Kienspanfackel leuchtet sie den Männern ins Gesicht.
„Was wollt ihr zu so später Stunde?", fragt sie. Saul verstellt seine Stimme: „Ich habe gehört, dass du Dinge weißt, die anderen verschlossen sind. Beantworte mir zwei Fragen: Ein großer Krieg ist im Gange. Wer wird ihn gewinnen? Und wer wird nach Saul König über das Volk Israel sein?"
Die Wahrsagerin schweigt lange. Sie wendet sich ab. Sie starrt in die Flammen des offenen Feuers. Das trockene Holz prasselt und knistert. Funken springen auf und erlöschen in der Dunkelheit wieder. Das Feuer hat eine Stimme. Sie vermischt sich mit dem bangen Atmen der beiden Männer.
Saul wird ungeduldig.
„Antworte", sagt er.
Nah tritt die Alte an ihn heran.
„Im Feuer sehe ich die Wahrheit", sagt sie, „du sollst sie wissen. Die Philister werden siegen. David wird der neue König sein!"
Saul schreit auf.
Er bricht zusammen.
Die Wahrsagerin erkennt ihn.
„Die Stimme im Feuer", flüstert sie, „die Stimme im Feuer hat die Wahrheit gesagt."
„Du bist eine Hexe, du lügst", sagt Abner.
Er beugt sich über den König, um ihn wieder aufzurichten.
Die Alte antwortet nicht mehr.
Stumm weist sie auf die Tür. Auf seinen treuen Hauptmann gestützt, kehrt der König elend ins Heerlager zurück.

Die Worte der Wahrsagerin aus Endor erfüllen sich.
Auf dem Berge Gilboa kommt es zur Schlacht. Die Luft ist erfüllt vom Klirren der Waffen, von Schreien und Klagen der Verwundeten. Blut färbt die Erde rot.
Der Kampf ist grausam. Er dauert bis

tief in die Nacht hinein. Die Übermacht der Philister zersplittert Sauls Heer und drängt es zurück.
Abner spricht den Soldaten immer wieder Mut zu.
Doch viele fallen in der Schlacht.
Unter ihnen ist Jonathan.
Im Kampfgewühl kniet Abner bei ihm nieder und schließt ihm die Augen. In der einen Hand hält der tote Prinz das Schwert, in der anderen ein unscheinbares hölzernes Ding. Es ist die Steinschleuder Davids.
Jonathan ist tot!
Einer ruft es dem anderen zu.
Sie achten nicht mehr auf die Befehle der Hauptleute.
Jeder versucht, sein Leben zu retten.
Abner sieht das Ende des Kampfes voraus.
Wo ist der König?
Im Durcheinander hat er ihn aus den Augen verloren.
Der König ist allein.
Er sieht sich plötzlich nur noch von Feinden umstellt.
„Wo ist Abner, der treue Hauptmann? Wo ist Jonathan, der tapfere Krieger?“
Längst hat Saul im Kampf seinen goldenen Helm verloren. Todesmutig schlägt er mit seinem Schwert um sich, bis er, von einem Pfeil getroffen, von seinem Pferde sinkt.
Niemand von den Philistern erkennt ihn. Über den sterbenden König hinweg jagen sie den Israeliten nach. Ihr Siegesgeschrei erfüllt die Nacht.
Schwer verwundet schleppt sich der König in den Schutz eines Baumes. Seine Lippen versuchen Worte zu formen: „David, David, ich habe dir … viel … Leid angetan … Ich … habe den Krieg … verloren … Du … König.“
Mit letzter Kraft zieht er sein Schwert aus der Scheide und stürzt sich hinein.

Abner ist mit dem Rest des Heeres nach Gibea geflohen. Tapfer verteidigt er Sauls Burg. Ihre Mauern sind stark. Der Feind erobert sie nicht. Vergeblich wartet Abner auf seinen Herrn.
„Hat jemand den König gesehen?“
Nein, niemand.

Von jenseits des Flusses Jordan hat David den Kampf beobachtet.
Schrecklich ist das Schlachtfeld. Die Sieger zählen tausende von Toten und Verwundeten.
Ein Bote bringt ihm am frühen Morgen die Nachricht vom Tode Sauls und Jonathans.
Vor Schmerz zerreißt David seine Kleider.
Laut weint er.
Ergriffen lauschen die Männer seiner Klage.
Es ist ein großes, trauriges Lied. Sie werden es nie mehr vergessen:

Ihr Berge zu Gilboa,
es soll weder tauen
noch regnen auf euch.
Im Streit sind die Helden gefallen,
die Edelsten Israels!
Nie hat Jonathans Bogen gefehlt,
nie ist Sauls Schwert
leer wiedergekommen.
Oh, Saul und Jonathan!
Schneller waren sie
denn die Adler
und stärker denn die Löwen.
Jonathan,
es ist mir leid um dich!
Jonathan, mein Bruder Jonathan,
ich habe dich lieb gehabt
und große Freude an dir.

Mit seiner Familie und seinen Freunden kehrt David nach Bethlehem zurück.
Noch ist der Streit nicht ganz zu Ende. Abner möchte dem König treu bleiben.
Er sagt zum Volk: „Nicht David, sondern Jonathans Bruder, Is-Boseth, müsst ihr zum König wählen."
Wem soll das Volk gehorchen?
Die einen wählen David, die anderen Is-Boseth.
Erst nach vielen Kämpfen zwischen dem Hause Sauls und dem Haus Davids sieht Abner ein, dass die Feindschaft das Volk zersplittert, seine Kraft schwächt und es unglücklich macht.
Es hat nur für einen König Platz. Und dieser König ist David.
Demütig beugt sich Abner dem Plan Gottes. Er selbst geht zu David und bittet ihn, König über das ganze Volk zu werden. Die Feindschaft soll für immer vergessen sein.
David ist jetzt dreißig Jahre alt.
Als König über das ganze Land kehrt er in den Palast nach Gibea zurück.
Michal erwartet ihn. Vor Glück weint sie.
Wie am Tage des Hochzeitsfestes sammeln sich die Menschen vor dem Schloss und in den Straßen.
„David, David, David!"
Wie ein Lied steigt der Name in den Himmel hinauf.
Eine große Aufgabe steht ihm bevor. Vor vielen, vielen Jahren hat Samuel das kostbare Öl über sein Haupt gegossen und hat die Angst von ihm genommen.
David betet.
„Gott, bin ich stark genug, bin ich weise genug, bin ich demütig genug, um über dein Volk zu herrschen?"
Und Gott antwortet ihm:
„David, ich habe dich auserwählt!"

Daniel

Daniel in Gefangenschaft

Daniel erwacht mitten in der Nacht. Er richtet sich auf und starrt in die Dunkelheit.
Die schmalen Fenster sind vergittert. Vor der Tür hört er den gleichmäßigen Schritt eines Wächters. Neben ihm, in Decken gehüllt, liegen seine Kameraden. Er lauscht auf ihren Atem. Einige bewegen sich und stöhnen im Schlaf.
Alles, was er in den letzten Tagen erlebt hat, zieht noch einmal an ihm vorüber: Er sieht das besorgte Gesicht seines Vaters, die Soldaten, die am Haus vorbeimarschieren, die Mutter, die ihn aus dem Schlaf weckt. „Der Feind dringt in die Stadt ein. Wir müssen fliehen!“, schreit sie. – Auf der Straße ertönen Kampfrufe, das Geklirr von Waffen, und als er mit der Menge zum Stadttor hinausdrängt, sind sie plötzlich von feindlichen Soldaten umringt. Er und seine Kameraden sind nun Gefangene Nebukadnezars, des Königs von Babylonien.
Wird er seine Eltern und Geschwister jemals wiedersehen?
Was wird aus Jerusalem, seiner Heimatstadt?
Jeremia, der Prophet, hat das Unglück vorausgesehen und das Volk gewarnt. Warum hat der König seine Worte nicht beachtet? Warum hat er ihn ausgelacht und ihn sogar einsperren lassen? „Er ist ein Narr“, haben die Leute von ihm gesagt.
Daniel ist Jeremia nur einmal auf der Straße begegnet. Doch er hat sein Gesicht nie mehr vergessen. Tief hat es sich in seinem Herzen eingeprägt. Er sieht es vor sich, und es erfüllt ihn jetzt, einsam und mitten in der Nacht, mit Zuversicht und Trost.

Stolz blickt der siegreiche König Nebukadnezar auf die lange Wagenreihe, die ihm die Beute nach Babylonien bringt, Getreide, Stoffe, Waffen und Pferde, vor allem aber kostbare goldene und silberne Geräte aus dem Tempel des fremden Gottes.
Aspenas, sein oberster Kämmerer, erstattet ihm Bericht: „Viele Krieger sind im Kampf getötet worden, König Jojakim ist gefangen genommen worden und mit ihm Soldaten, Handwerker, Frauen und Kinder.“
„Ich kann Sklaven brauchen, gute Handwerker und kräftige Männer“, sagt Nebukadnezar. „Ich habe große Baupläne.“
„Und was soll mit den Kindern der königlichen Familie und der hohen Hofbeamten geschehen?“
„Jojakim soll als Gefangener an meinem Hofe leben, von den Knaben aber wähle die schönsten und verständigsten aus. Lasse sie unterrichten! Erziehe sie drei Jahre lang zu meinem Dienst!“

Langsam geht Aspenas durch die Reihen der Jünglinge aus Juda. Er fragt sie nach ihrer Herkunft und prüft ihr Wissen. Wohlgefällig ruht sein Blick auf Daniel. Er ist gut gewachsen. Seine Augen sind klar und zeigen Verstand. Wie ein Helm bedeckt das dichte schwarze Haar seinen Kopf.
„Wie alt bist du?"
„Sechzehn Jahre, Herr!"
„Und dein Name?"
„Ich heiße Daniel. Mein Vater war Beamter am Hofe des Königs in Jerusalem."
Aspenas macht seinem Begleiter ein Zeichen.
„Daniel", sagt er, „ich habe dich zum Dienst am Hofe Nebukadnezars in Babylonien ausgewählt. Wenn du willig und gehorsam bist, soll es dir nicht schlecht ergehen."

Daniel ist nicht allein.
Unter den auserwählten Knaben trifft er Hananja, Misael und Asarja.
Er kennt sie. Auch ihre Väter standen im Dienste des Königs. Sie haben zusammen gespielt und sich gestritten.
Nun versprechen sie sich, einander beizustehen, den Sitten ihres Volkes treu zu bleiben und Gott nicht zu vergessen. Der ernste Augenblick macht sie zu Freunden.

Aspenas, der oberste Kämmerer, ist verantwortlich dafür, dass es den fremden Jünglingen an nichts fehlt. Sie werden von den besten Lehrern unterrichtet. Ein Aufseher sorgt für ihr leibliches Wohl. Sie trinken den Wein des Königs und sie essen von seiner Speise.
„Wir sind den schweren Wein und das üppige Essen nicht gewöhnt, und vieles davon ist uns verboten", sagt Daniel zu seinen Freunden. „Ich werde Aspenas bitten, uns Gemüse, Obst und Wasser zu geben."
Aspenas hört sich Daniels Bitte an. Er schüttelt den Kopf.
„Wer bist du denn, dass du nicht zufrieden bist?", fragt er.
„Ich weiß die Gunst, vom königlichen Tisch zu speisen, wohl zu schätzen", sagt Daniel höflich. „Der Wein ist köstlich, aber er macht uns schläfrig; das Essen ist auserwählt, aber es macht unsern Geist träge."
Aspenas kann dem Jüngling nicht böse sein.
Aber er sagt: „Daniel, nicht ich, sondern der König hat eure Speisen und euren Trank bestimmt. Es ist ein Befehl. Was würde geschehen, wenn ihr weniger kräftig wäret als die anderen? Es würde mich das Leben kosten!"

„Wie kommt es nur", fragt Aspenas nach einiger Zeit den Aufseher, „dass die Augen Daniels, Hananjas, Misaels und Asarjas klarer sind als die der anderen? Wie kommt es, dass mir ihre

Antworten verständiger und ihre Körper kräftiger erscheinen?"
Der Aufseher errötet. Er schweigt. Fragend schaut er Daniel an. Soll er dem obersten Kämmerer das Geheimnis verraten?
Er hat den Bitten Daniels nachgegeben und den vier Jünglingen heimlicherweise zehn Tage lang nur Gemüse, Obst und frisches Wasser gegeben.
Nun sind aus den zehn Tagen Wochen und Monate geworden.
Aspenas spürt seine Verlegenheit. Plötzlich lacht er.
„Es geht wohl nichts über Gemüse, Obst und frisches Wasser!", sagt er.
Ohne weiter zu fragen, geht er davon.
Dankbar schaut Daniel dem Kämmerer nach.

Drei Jahre sind vergangen. Aus den judäischen Knaben sind junge Männer geworden.
Der König hat sie in seinen Prunksaal befohlen. Bunte fein geknüpfte Teppiche dämpfen die Schritte. Die Wände sind mit Alabasterplatten, mit Zeichnungen und Ornamenten geschmückt. Auch den König erkennt man darauf. Mit seiner Lanze tötet er Elefanten und Löwen. Die ungewohnte Pracht schüchtert die Gefangenen ein.
Aspenas steht hinter dem Thron des Königs. Er bedeutet ihnen, näher zu treten.
„Hier, die judäischen Jünglinge!", sagt er stolz. „Da ist keiner, der nicht unsere Sprache spricht, keiner, der sie nicht lesen und schreiben kann!"
Zum ersten Mal sehen die Gefangenen den babylonischen König aus der Nähe. Das Haar fällt ihm bis auf die Schultern. Der spitze Hut ist mit Edelsteinen verziert. Der rechteckig geschnittene und gleichmäßig gelockte Bart reicht ihm bis über die Brust. Seine mit Ringen geschmückten Hände ruhen auf den Lehnen. Der Thron ist mit Stier- und Drachenköpfen verziert.
Forschend ruhen seine Augen auf den jungen Männern. Ehrfürchtig verneigen sie sich, um ihm die Füße zu küssen.
„Erhebt euch!"
Dann wendet er sich zu Aspenas.
„Lesen und Schreiben, Sternkunde, Rechnen und Geschichte sind nicht genug", sagt er. „Ich will ihre Weisheit und ihren Verstand kennen. Ich prüfe ihr Herz!"

Es ist wahr, was Aspenas gesagt hat. Daniels Augen und die seiner Freunde sind klarer als die der anderen, ihre Antworten sind verständiger und ihre Körper kräftiger.
„Daniel, Hananja, Misael und Asarja", sagt Nebukadnezar, „in allem, was ich euch fragte, wart ihr zehnmal klüger als die anderen, ja, weiser noch

als meine Sterndeuter und Wahrsager. Ich will euch in meiner Nähe haben. Neben meinem Palast schenke ich euch ein Haus. Dort sollt ihr zusammen wohnen."

Daniel deutet einen Traum

Die Morgendämmerung dringt in Nebukadnezars Schlafgemach.
Der König erhebt sich von seinem Lager und geht ans offene Fenster.
Auf seiner Stirn glänzen Schweißtropfen.
Ungeduldig erwartet er den Aufgang der Sonne.
Seine Lippen bewegen sich.
„Ein Traum hat mich erschreckt", flüstert er. „Bin ich nicht einer der mächtigsten Könige dieser Erde? Schiffe bringen mir Kostbarkeiten aus fernen Ländern. Meine Schatzkammern sind gefüllt. Die Fremden staunen über den Ertrag unserer Getreidefelder. Das Volk liebt mich. Und auch der Geringste unter meinen Sklaven muss sich nicht hungrig zur Ruhe legen. Was ist es, das mich so mit Angst erfüllt?"
Jetzt schießen die ersten Strahlen der Sonne über die Hügelkuppe. Auf den Mauern des der Göttin Ischtar geweihten Haupttors von Babylon glüht es wie Feuer. Tausende von farbigen glasierten Ziegeln blenden die Augen des Königs.
Er stöhnt.
„Ich muss herausfinden, was ich geträumt habe. Eher werde ich keinen Frieden haben."
Nebukadnezar lässt alle Sternseher und Weisen seines Reiches zusammenrufen.
„Ich habe einen Traum gehabt", sagt er. „Und ich möchte wissen, was es für ein Traum gewesen ist!"
„Ewig lebe der König", sagen sie. „Erzähle uns deinen Traum, und wir wollen ihn deuten."
Das Gesicht Nebukadnezars verfinstert sich bei ihren Worten.
„Der Traum ist mir entfallen, ihr sollt ihn mir sagen. Ich will euch dafür reich belohnen!"
Die gelehrten Männer erschrecken.
Haben sie den König recht verstanden?
Der Älteste unter ihnen ergreift das Wort.
„Kein König, und sei er noch so mächtig, darf von seinen Dienern fordern, was nur Götter wissen. Doch erzähle uns deinen Traum, und wir werden ihn dir deuten!"
Der König fährt zornig auf und geht auf die Gelehrten zu:
„Wie wagt ihr es, so mit mir zu reden! Meinen Traum sollt ihr mir sagen, sonst werde ich eure Häuser zerstören und euch in Stücke zerhauen lassen."

„Weiß der König, dass er Unmögliches von seinen Gelehrten verlangt?"
„Lügner und Prahler seid ihr mit eurer Kunst. Geht mir aus den Augen! Ich will euch nie wieder sehen!"
Erschrocken und empört flüchten die Sternseher und Weisen aus dem Palast.
Der König brütet stumm vor sich hin.
„Was nützen mir Macht und Reichtum!", denkt er. Sosehr er sich auch müht, er kann sich seines Traumes nicht erinnern. Nur die Angst nagt wie ein böses Tier in seinem Innern.
In seiner Verzweiflung lässt er Arioch zu sich kommen. Arioch ist sein oberster Richter.
„Ziehe mit hundert Soldaten aus!", befiehlt er. „Bringe alle Sternseher und Weisen hierher! Ich habe genug von ihren schönen Worten. Ich will sie töten lassen."
„Und die vier Jünglinge aus Juda?", fragte Arioch. „Hat der König sie nicht weiser befunden als alle seine Gelehrten?"
„Ich bin sicher, dass auch sie mir meinen Traum nicht sagen können."
„Sie sind unschuldig", gibt Arioch dem König zu bedenken.
Doch Nebukadnezar bleibt hart.
„Ich will sie töten lassen! Nimm sie gefangen und bringe sie hierher!"

Daniel und seine Freunde sitzen bei ihrer Arbeit, berechnen den Gang der Gestirne und erforschen alte Schriften.
Arioch klopft an ihre Tür.
„Was bringt dich zu uns? Ist es ein Auftrag des Königs?", fragt Daniel. Erstaunt sieht er hinter dem Hauptmann die bewaffneten Soldaten.
„Ja, ein Auftrag des Königs", sagt Arioch leise.
„Ich muss euch ins Gefängnis führen! Ihr seid zum Tode verurteilt."
Er erzählt, was im Palast geschehen ist.
„Niemand kann das Unglück abwenden", sagt er.
Aufmerksam hört Daniel zu.
Was geht in ihm vor? Sein Blick ist weit weg. Wie in der Nacht im Gefängnis sieht er das Gesicht des Propheten Jeremia vor sich.
„Daniel, was ist mir dir? Sprich!"
„Arioch, führe mich zum König! Ich will versuchen, ihm zu helfen", sagt er entschlossen.

Von den schlaflosen Nächten ist Nebukadnezars Gesicht bleich und eingefallen. Daniel erkennt ihn kaum wieder.
„Was willst du?", fragt der König.
„Arioch hat mir erzählt, was dich bewegt. Ich werde Gott bitten, mir deinen Traum zu offenbaren."
Der König spottet: „Was für ein Gott ist das?"
Daniel lässt sich nicht beirren.

„Der Gott Judas, der unsichtbare Gott meiner Väter“, sagt er.
Etwas in Daniels Stimme lässt den König aufhorchen. Er schaut in seine Augen. Sie erinnern ihn an den Tag, als die Jünglinge aus Juda zum ersten Mal vor ihn geführt wurden und als er diesen für schöner und weiser als alle anderen befand.
Er lächelt.
„Daniel, du weckst die Hoffnung wieder!“, sagt er. „Drei Tage lang will ich auf deine Antwort warten. Wehe dir aber, wenn diese Frist ohne Nachricht von dir verstreicht!“

Nach der Unterredung mit dem König kehrt Daniel zu seinen Freunden zurück.
Er bittet sie, ihn allein zu lassen.
„Betet“, sagt er. „Unser Leben liegt in der Hand Gottes.“
In der Einsamkeit lauscht er auf die Stille. Sie macht ihn bereit für die Stimme Gottes.
„Daniel! Daniel! Daniel!“
Er erschauert.
„Daniel, ich will dir die Gabe schenken, Gesichte und dunkle Worte zu verstehen. Ich will dir die Gabe schenken, Träume zu deuten. Geh zu Nebukadnezar! Ich werde die rechten Worte auf deine Zunge legen.“
Daniel ist auf die Knie gefallen.
„Herr, dein Wille geschehe!“, flüstert er.
Wie ein Strom erfüllt ihn die Stimme Gottes.

Mit leuchtendem Gesicht kehrt er in der Frühe des dritten Tages zu seinen Freunden zurück.
„Gott ist mächtig“, sagt er leise. „Gott hat mir offenbart, um was wir ihn gebeten haben. Er weiß, was tief und verborgen ist. Er weiß, was in der Finsternis liegt.“
Nicht nur der König, sondern auch Arioch und die gefangenen Weisen und Sternseher bangen um Daniels Antwort.
Wird diese Antwort sie retten?
Zur festgesetzten Stunde erscheint Daniel vor dem König.
Nebukadnezar hat die Wächter, die Minister und sogar seinen obersten Kämmerer fortgeschickt. Er ist mit Daniel allein.
„Rede!“, befiehlt er.
„Mein König, es gibt einen Gott im Himmel, der alle verborgenen Dinge weiß. Es ist der unsichtbare Gott meiner Väter. Er ist es, der aus meinen Worten spricht. Und das war dein Traum: Du sahest ein großes und hohes Standbild vor dir. Sein Haupt war von feinem Gold. Seine Brust und seine Arme waren von Silber, sein Bauch von Erz. Seine Schenkel waren Eisen und seine Füße zur Hälfte Eisen und zur Hälfte Ton. Plötzlich fiel ein Stein herab. Du wusstest nicht woher,

und er zermalmte die Füße aus Eisen und Ton. Der Riese stürzte zusammen, löste sich auf wie Spreu im Wind. Der Stein aber wuchs zu einem Berg, der die ganze Welt anfüllte."

Atemlos hat der König zugehört.

„Ja, das war der Traum! Sprich weiter!"

„Ich will ihn dir auch deuten", fährt Daniel fort. „Der Traum zeigt dir die Zukunft an. Du, Nebukadnezar, bist das goldene Haupt. Gott hat dir Macht und Stärke gegeben. Nach deinem Tod wird kein anderes Königreich das deine an Glanz übertreffen. Eines wird sein wie Silber, eines wie Erz, eines nur noch wie Eisen. Das letzte aber wird ein zerteiltes Reich sein."

„Und was bedeutet der Stein?"

„Der Stein, der vom Himmel fiel, bedeutet die Kraft Gottes. ER richtet ein Reich auf, das ewig bleibt und die ganze Welt erfüllen wird."

Während der Worte Daniels hat sich der König nachdenklich von seinem Thron erhoben.

Langsam ist er Stufe um Stufe hinuntergestiegen.

„Daniel", sagt er, „durch dich habe ich meines Herzens Gedanken erfahren."

Im Festgewand, mit Krone und Zepter, erscheint Nebukadnezar am folgenden Tag vor seinen versammelten Ministern, Weisen, Sternsehern und Hofbeamten. Neben ihm steht Daniel.

„Daniel hat mir meinen Traum offenbart und gedeutet", verkündet der König, „durch ihn habe ich Frieden gefunden. Es ist kein Zweifel, sein Gott ist ein Gott über alle Götter und ein Herr über alle Könige! – Merkt euch, ich habe Daniel über alle Weisen und Sternseher gesetzt! Ich wollte ihn auch zum Fürsten über die Landschaft Babel machen, doch hat er dieses Amt abgelehnt. An seiner Stelle aber werden es Hananja, Misael und Asarja übernehmen, denn ich habe sie für weise und gerecht befunden. Daniel aber wird bei mir am Hofe bleiben."

Ein Aufatmen geht durch die Reihen der Anwesenden.

„Ewig lebe der König!"

„Ewig lebe Daniel!"

Nur die aus dem Gefängnis entlassenen Weisen und Sternseher bleiben stumm.

„Einen Jüngling hat der König über uns gesetzt! Drei Gefangene aus Juda sollen über Babel regieren!", murren sie.

So schnell haben sie vergessen, dass Daniel sie vor dem Tod errettet hat.

Das Götzenbild

Ein Standbild, sechzig Ellen hoch und sechs Ellen breit, soll der Welt den

Ruhm Nebukadnezars, des Königs von Babylonien, verkünden.
Im Tal Dura, in der Nähe der Hauptstadt, wird es aufgestellt.
In den Straßen und auf dem Markt wird von nichts anderem gesprochen.
Einer sagt es dem anderen: „Es ist ganz aus Gold."
Zum Einweihungsfest sind alle Gewaltigen des Reiches, Fürsten, Landpfleger, Richter, Vögte, Amtleute und Minister geladen.
„Sie sollen kommen, um meine Macht anzubeten!", sagt der König.

Blau, wolkenlos spannt sich der Himmel über dem Festplatz.
Bunt und festlich gekleidet drängen sich die Gäste um das verhüllte Standbild.
„Still! Die königlichen Herolde verkünden einen Erlass des Königs."
„Hört, ihr Leute! Wenn ihr den Schall der Posaunen, Harfen und Lauten hört, sollt ihr auf die Knie fallen! – Wer es nicht tut, wer dem Befehl des Königs nicht gehorcht, wird in einen glühenden Ofen geworfen!"
Plötzlich geht eine Bewegung durch die Menge. Jubel erfüllt das Tal.
Eine Posaune kündet den König an.
„Ewig lebe der König!"
„Ewig lebe der König! Sein Ruhm erfüllt die Welt, seine Macht ist groß!"
Zufrieden lehnt sich Nebukadnezar in den mit Kissen gepolsterten Sitz

zurück. Ehrfürchtig weichen die Menschen vor seinem von acht Pferden gezogenen Prunkwagen zur Seite. Der König lächelt und winkt ihnen zu. Er trägt ein Festkleid, eine lange Tunika aus purpurner Seide. An seinen Handgelenken klirren goldene Spangen. Der Griff seines Dolches ist mit Edelsteinen verziert. Ein kostbares Ohrgehänge blitzt in der Sonne auf.
Vor dem Standbild lässt Nebukadnezar anhalten. Feierlich steigt er auf das für ihn gebaute Podest hinauf. Ein Diener folgt ihm mit dem großen Sonnenschirm.
Zum letzten Mal verkündet ein Herold den königlichen Befehl.
„Wenn ihr den Schall der Posaunen, Trompeten, Harfen und Lauten hört, sollt ihr auf die Knie fallen und das Bild anbeten!"
Es ist still geworden. Man hört den Wind in den Bäumen und von fern den Ruf eines aufgeschreckten Vogels. Tausende von Blicken sind auf den König gerichtet. Die Musikanten, die Tänzer und Tänzerinnen sind bereit.

Auf ein Zeichen des Königs fällt die Hülle.
Stumm und in der Sonne gleißend erhebt sich das Standbild über der knienden Menge. Sein Gesicht trägt die stolzen Züge des Königs.
Doch was haben die Weisen und Sternseher? Sie wechseln Blicke, flüstern einander zu: „Habt ihr sie gesehen, die jungen Männer aus Juda?"
„Inmitten der knienden Menschen sind sie aufrecht stehen geblieben."
„Hananja, Misael und Asarja haben gewagt, sich dem königlichen Befehl zu widersetzen."
„Wir werden sie beim König anzeigen!"
„Er wird sie nicht schonen."
„Nun ist es zu Ende mit ihrer Macht!"
„Nicht einmal Daniel wird sie vor dem Feuerofen retten können!"

„Jemand hat gewagt, sich meinem Gebot zu widersetzen? Wer ist es?", fragt Nebukadnezar zornig.
„Oh König! Könnten wir doch bessere Nachricht bringen! Es sind die drei jüdischen Männer, die du über Babel gesetzt hast, die Freunde Daniels. Sie ehren deine Götter nicht und haben sich geweigert, vor dem goldenen Bild zu beten."
Dem König steigt das Blut ins Gesicht.
„Bringt sie her zu mir!", befiehlt er. „Ich will mit ihnen reden."

Bescheiden, aber furchtlos stehen Hananja, Misael und Asarja vor dem König.
„Warum", so fragt er sie, „habt ihr euch meinem Befehl widersetzt?"
„Herr König, du bist groß und mächtig. Du hast uns, den Gefangenen aus Juda, hohe Ämter anvertraut. Wir sind

dir dankbar dafür. Nie aber werden wir vor einem goldenen Bild auf die Knie fallen!"
Die unerschrockene Antwort stimmt den König nachdenklich.
Erinnert er sich an seine Worte, als Daniel ihm den Traum offenbarte?
Möchte er ihnen um seinetwillen die furchtbare Strafe erlassen?
Ohne sich um die herausfordernden Blicke der Weisen und Sternseher zu kümmern, sagt er:
„Ich will euch das Leben schenken, doch geht nun hin und fallt vor dem Bild auf die Knie!"
„Herr König, du hast unsere Antwort gehört. Wir ändern unseren Sinn nicht. Wenn Gott will, kann er uns sogar vor dem Feuerofen erretten."
Der König ist sprachlos.
Triumphierend schauen ihn seine Weisen und Sternseher an.
Der König tobt.
Sein Gesicht verzerrt sich vor Zorn. Er ist schrecklich wütend.
„Bindet sie auf der Stelle! Arioch, lass den Ofen siebenmal heißer machen als sonst! Noch heute sollen sie ihren Trotz büßen und elendiglich zugrunde gehen!"

Der König hat das Fest abgebrochen. Voller Rachegedanken fährt er nach Babylon zurück. Seine Krieger folgen ihm mit den drei Gefesselten.
„Die Gefangenen aus Juda sollen sehen, wie es denen ergeht, die meinem Befehl nicht gehorchen!"
Auf der Burg angekommen, lässt er Daniel rufen.
„Deine Freunde haben sich meinen Befehlen widersetzt. Sie haben meine Güte mit Trotz und Hochmut beantwortet. Nun will ich sie mit eigenen Augen brennen sehen. Du, Daniel, sollst Zeuge sein!", sagt er.
Daniel erschrickt. Er weiß, dass es keinen Sinn hat, den König umzustimmen.
Der Zorn macht ihn blind.

Drei von den Gefangenen aus Juda sollen öffentlich verbrannt werden.
Der große Platz vor dem Königspalast vermag die Menschenmenge kaum zu fassen.
Die Weisen und Sternseher, die Hananja, Misael und Asarja verklagten, können ihre Schadenfreude nicht verbergen.
„Damit haben wir die verlorene Gunst des Königs zurückgewonnen", sagen sie.
Über dem Ofen, in dem sonst Ziegel gebrannt werden, flimmert die Luft. Die Hitze versengt den Knechten, die das Feuer schüren, Haut und Haare.
Daniel steht neben dem grimmigen König.
Gerne hätte er mit seinen Freunden ein Wort gesprochen.
Doch der König hat es ihm verboten.

Hananja, Misael und Asarja liegen auf dem Boden, von Kriegern bewacht. Kein Laut der Klage kommt über ihre Lippen.
„Der Ofen ist bereit!“, meldet Arioch dem König. Haushoch schießen die Flammen zum Himmel empor.
„Werft sie hinein, so wie sie sind, gebunden und angekleidet!“, befiehlt Nebukadnezar.
„Lasst die Tür offen, ich will ihren Gott sehen, der sie rettet!“, spottet er.
Hananja, Misael und Asarja werden vor den Ofen geschleift, an Händen und Füßen gepackt und ins Feuer geworfen. Die mörderische Hitze nimmt den Knechten den Atem und die Kraft, rechtzeitig zurückzuweichen.
Keiner vermag sich zu retten. Tot fallen sie zur Erde.
„Daniel, glaubst du, euer Gott könnte einen Menschen vor diesem Feuer bewahren?“, flüstert der König heiser.
Daniel schweigt.
Er betet.

Die Menge ist verstummt.
Man hört das Prasseln und Knistern.
„Wenn es den Knechten so ergangen ist, sind sicher auch Hananja, Misael und Asarja längst tot“, sagen die Neugierigen. „Wir gehen nach Hause.“
Doch was ist das?
Aus dem Feuer ruft eine helle Stimme: „Ich lobe dich, Herr, Gott unserer Väter, herrlich ist dein Name! Wir folgen dir von ganzem Herzen. Du errettest uns mit deiner Macht. Deine Feinde sollen erkennen, dass niemand stärker ist als du!“
Nebukadnezar zuckt zusammen. Die Stimme flößt ihm Angst und Schrecken ein. Er klammert sich an die Lehnen seines Sessels. Er beugt sich vor, starrt ins Feuer ... Plötzlich greift er mit einer Hand nach Daniels Arm.
„Träume ich, oder hat die Hitze meinen Verstand verwirrt? Ich sehe nicht drei, sondern vier Gestalten! Aufrecht gehen sie im Feuer umher. Es ist, als ob ein frischer Wind sie kühlte!“
Der König sieht sich nach den Wächtern um. Doch in ihren Gesichtern liest er das gleiche Entsetzen, das auch ihn erfüllt.
Daniel hat die Stimme Asarjas erkannt. Er ahnt, dass die vierte Gestalt ein Engel ist. Und wie eine Antwort auf das ungläubige Staunen ertönen jetzt die Stimmen Hananjas, Misaels und Asarjas. Ein Lied steigt zum Himmel empor:

„Sonne, Mond und Sterne,
Ihr Winde alle,
Gras und Tau,
Ihr Blumen auf der Erde,
Berge und Hügel,
Ihr Tiere alle,
Ihr Fische im Wasser,
Ihr Vögel im Himmel,
Preiset den Herrn!

Ihr Meere und Flüsse,
Du Licht und du Finsternis,
Ihr Blitze und ihr Wolken,
Du Frost und du Kälte,
Ihr Schneeflocken,
Feuer und Hitze,
Ihr Quellen,
Ihr Menschenkinder,
Oh dankt alle dem Herrn!
Seine Güte währet ewiglich!"

Ergriffen hat der König zugehört. Vor der staunenden Menge steht er auf.
„Hananja, Misael und Asarja!", ruft er laut. „Ihr Diener des höchsten Gottes, kommt her zu mir! Gelobt sei euer Gott! Ich kenne keinen anderen Gott, der solches vollbringen könnte. Ihr habt auf IHN vertraut, und ER hat euch errettet. Auch ich will IHN loben und preisen!"
Unversehrt treten Hananja, Misael und Asarja vor den König.
Die Menschen drängen nach.
Jeder will sich selbst überzeugen, dass den Männern nichts passiert ist.
Jeder betastet sie und greift nach ihren Kleidern. Alles ist unversehrt.
Ein Wunder! Es ist mit dem Verstand nicht zu erklären.
„Lasst sie in Ruhe!", sagt Nebukadnezar.
Er umarmt alle drei.

Nach allem, was geschehen ist, brauchen sie keine Worte mehr.

Die Herolde, die zu Beginn des Festes den Befehl des Königs verkündet haben, werden von neuem ausgeschickt. „Im ganzen Reich soll die Botschaft vernommen werden", sagt Nebukadnezar.
„Hananja, Misael und Asarja werden wieder in ihr Amt als Statthalter über die Provinz Babel eingesetzt. Wer den unsichtbaren Gott der jüdischen Gefangenen lästert und verspottet, wird schwer bestraft!"
Beschämt und böse machen sich die Sternseher und Wahrsager davon.

Ein Brief aus Jerusalem

Neun Jahre sind seit der Eroberung Judas durch Nebukadnezar vergangen. Neun Jahre lebt Daniel nun schon in Babylonien.
Er hat seine in der Heimat zurückgebliebenen Landsleute nicht vergessen. Nebukadnezar hat Statthalter und Vögte über sie gesetzt, hat ihnen sogar einen König gegeben. Er heißt Zedekia.
Obwohl Zedekia dem babylonischen König Treue und Gehorsam schwören musste, hat er sich heimlich mit dem König von Ägypten verbündet. Mit seiner Hilfe möchte er Babylonien erobern und Nebukadnezar töten. Auch er beachtet die Warnung Jeremias nicht.
Doch der Plan misslingt.
Bevor die beiden Könige ein Heer aufstellen können, hat Nebukadnezar von dem Plan erfahren.
Sein Zorn ist grenzenlos.
„Ich habe meine Untertanen bis jetzt gut behandelt, nun aber werde ich kein Erbarmen kennen", droht er.
Zum zweiten Mal zieht er mit einem riesigen Heer gegen Juda. Seine Soldaten haben den Befehl, nichts und niemanden zu schonen. Grausam hausen sie in den Dörfern und Städten. Tausende werden getötet und tausende gefangen genommen. Zedekia versucht Jerusalem zu verteidigen. Das Heer Nebukadnezars belagert die Stadt. Nach einem Jahr zwingt der Hunger die judäischen Soldaten, den Widerstand aufzugeben.
Nebukadnezar macht seine Drohung wahr.
Seine Krieger plündern, sengen und morden. Der aus Zedernholz gebaute Tempel und die Paläste des Königs und seiner Fürsten gehen in Flammen auf. Zedekia muss zusehen, wie seine Kinder getötet werden. Ihn selbst lässt Nebukadnezar nach Babylon ins Gefängnis führen. Dort werden ihm die Augen ausgestochen. Bis zu seinem Tod wird er seinen Aufstand gegen die Macht Babylons büßen. Nach dem

Wegzug der babylonischen Soldaten ist Jerusalem ein Trümmerhaufen. Tagelang steigen die schwarzen Rauchsäulen zum Himmel auf.
Durch die leeren Gassen, zwischen Stein- und Trümmerhaufen der zerstörten Stadt geht ein Mann. Er stützt sich auf einen Stock. Sein Gesicht ist von Ruß geschwärzt, seine Kraft erschöpft. Doch er hört nicht auf, die Sterbenden zu trösten und nach Verwundeten zu suchen.
Es ist Jeremia, der Prophet.
„Ihm soll kein Leid geschehen", hat Nebukadnezar seinen Kriegern befohlen, „schont ihn!"
Jeremias Herz füllt sich beim Anblick der Stadt mit Trauer.
Seine Prophezeiungen über den Untergang Jerusalems sind wahr geworden.
„Ach Jerusalem", klagt er,
„wem soll ich dich vergleichen?
Die Straßen liegen wüst,
weil niemand auf ein Fest kommt.
Dein Schaden ist groß wie ein Meer,
wer kann dich heilen?
Juda ist gefangen in Elend
und schwerem Dienst.
Darum weine ich so.
Es sitzen die Alten nicht mehr unter dem Tor,
und die Jünglinge treiben kein Saitenspiel mehr.
Unseres Herzens Freude hat ein Ende,
unser Reigen ist in Wehklagen verkehrt."

Wieder wird ein großer Teil der Überlebenden nach Babylonien weggeführt. Es sind an die Zehntausend, Bürger, Handwerker und armes Volk.
Daniel begegnet ihnen überall auf den Feldern, in den Werkstätten und auf Bauplätzen. Die meisten verrichten niedrige Sklavenarbeit.
Ihr Anblick stimmt Daniel traurig.
Viele seiner Landsleute betrachten ihn mit Misstrauen.
„Er ist ein Freund des Königs", murren sie, „ihm geht es gut!"
Daniel hat Verständnis für ihre bitteren Worte.
Wo er kann, versucht er ihr schweres Los zu erleichtern.
Unter den Weiden des Flusses findet er sie am Feierabend. Das Heimweh quält sie.
Babylonisches Volk gesellt sich zu ihnen.
„Singt uns die Lieder eurer Heimat", bitten sie. „Schön und fremd klingen sie uns."
Doch die Gefangenen schütteln den Kopf.
„Wie könnten wir fröhlich sein und singen?", fragen sie. „Mit zersprungenen Saiten hängen unsere Harfen an den Weiden."
„Wann werden wir in die Heimat zurückkehren? Wie lange sollen wir Sklaven bleiben?", fragen sie Daniel immer wieder.
Ja, wie lange noch?

„Gott weiß es“, sagt er, doch sein Herz ist voller Zweifel und Fragen.

Seit seine Freunde über die Landschaft Babel regieren, bewohnt Daniel das ihnen vom König geschenkte Haus allein.
„Herr, draußen steht ein Mann“, meldet ihm eines Tages sein Diener. „Er scheint von weither zu kommen und will mit dir selbst reden.“
„Führ ihn zu mir!“, sagt Daniel.
Der Fremde ist erschöpft; seine Kleider sind mit Staub bedeckt.
Er hält Daniel eine Schriftrolle entgegen.
„Woher kommst du?“, fragt Daniel.
„Aus dem zerstörten Jerusalem. Jeremia schickt mich!“
„Jeremia!“
Hastig reißt Daniel die Rolle auf.
Seine Hände zittern.
„Unser Gott hat zu mir gesprochen“, schreibt Jeremia. „Noch fünfzig Jahre wird die Gefangenschaft dauern. Es ist eine lange Zeit, doch Gott wird euch nicht verlassen. Wehrt euch nicht gegen euer schweres Schicksal! Baut Häuser und pflanzt Gärten! Arbeitet, und es wird euch auch im fremden Land gut ergehen.“
Daniel weiß um die Bedeutung dieser Worte. Sie gelten auch ihm.
Noch mehr als früher will er sich nun um die Gefangenen kümmern, ihnen Trost und Hilfe sein. Sie dürfen nicht müde werden, ihren Kindern von der Heimat zu erzählen. Gott soll in ihren Herzen lebendig bleiben.
Noch immer steht der Bote vor Daniel.
Er wagt nicht, ihn in seinen Gedanken zu stören. Endlich rollt Daniel das Pergament zusammen.
„Geh und erfrische dich“, sagt er zu dem Boten, „mein Diener wird für dich sorgen.“
Daniel geht in seine Kammer. Er öffnet die Truhe mit den wenigen Dingen, die ihm lieb sind. Ein zerrissenes Knabenkleid. Er hat es bei der Flucht getragen. Ein lederner Gürtel mit einer silbernen Schnalle. Er ist ein Geschenk des Vaters. Eine kleine Harfe. Jemand hat sie ihm aus der Heimat mitgebracht. Ein runder, glatt geschliffener Stein. Er stammt aus dem Flussbett des Eichgrundtals, wo einmal König David als einfacher Hirtenjunge gegen den Riesen Goliath gekämpft hat. Daniel lächelt über seine einfachen Schätze. Es ist alles, was ihm gehört. Jetzt legt er den kostbaren Brief dazu.
„Herr“, betet er, „schenke mir die Kraft! Von heute an gehört mein ganzes Leben dir.“

Der Zorn Nebukadnezars auf die rebellischen Juden hat sich nach seinem großen Sieg gelegt.
Im Land herrscht Frieden.

Die vielen Sklaven aus Juda sind dem König willkommen.
„Ich will Babel zur größten und schönsten Stadt der Welt machen“, sagt er.
Er braucht Arbeiter.
Neue Paläste und Tempel entstehen. Neben seiner Burg lässt er auf übereinander getürmten Terrassen Gärten anlegen. Sie scheinen in der Luft zu schweben. „Hängende Gärten“ werden sie vom Volk genannt. Staunend gehen die Fremden unter dem riesigen Triumphbogen durch und über die breiten geraden Straßen.
In keiner anderen Stadt der Welt werden so viele Geschäfte gemacht, in keiner anderen so viele Feste gefeiert.
Eine doppelte, mit starken Türmen versehene Mauer umgibt die immer größer werdende Stadt.
„Mir kann nichts geschehen!“, triumphiert Nebukadnezar, wenn er auf der höchsten Zinne seines Palastes steht. „Meine Macht ist den größten Göttern gleich!“

„Meine Macht ist den größten Göttern gleich!“
Hat Nebukadnezar das Wunder im Feuerofen vergessen?
„Schweig“, sagt er, wenn Daniel ihn daran erinnert. „Bete du zu eurem unsichtbaren Gott, aber lass mich damit in Ruhe. Ich vergesse trotzdem nicht, was du für mich getan hast.“

Doch eines Tages trifft Daniel den König tief in Gedanken versunken.
„Mein König, was bewegt dich?“
„Ein Traum ist es“, sagt Nebukadnezar. „Daniel, ich habe dich zum Obersten unter meinen Weisen und Sternsehern gemacht. Ich will dir meinen Traum erzählen. Du sollst ihn mir deuten. Ich sah einen mächtigen Baum, der hatte ein menschliches Herz. Er reichte bis an den Himmel und seine Äste breiteten sich über die ganze Erde aus. Sie waren schön und trugen Früchte. Alle Tiere fanden Schatten unter dem Baum, und die Vögel wohnten in seiner Krone. Doch plötzlich flog ein Engel vom Himmel und befahl, den Baum umzuhauen und die Äste abzuschlagen. Die Tiere liefen davon, und die Vögel flohen. ‚Lasst den Strunk mit seinen Wurzeln‘, sagte der Engel, ‚legt ihn in eiserne Ketten, nehmt das menschliche Herz von ihm und gebt ihm sieben Monate lang ein tierisches Herz.‘“
„Ach, mein König“, sagt Daniel traurig, „wenn doch dieser Traum nicht dir, sondern einem deiner Feinde gelten würde!“
Der König erschrickt.
„Sprich“, sagt er, „deute mir den Traum! Ich fürchte die Wahrheit nicht.“
„Du, mein König, bist dieser Baum“, sagt Daniel. „Du bist groß und mächtig, und deine Macht reicht bis ans Ende der Welt. Doch Gott will, dass du erkennst, dass seine Macht noch größer ist als die deine. Er wird dich prüfen. Eine schwere Krankheit steht dir bevor.“

Daniels Deutung wird wahr.
Nebukadnezars Verstand verwirrt sich. Von seinen Lippen kommt ein unverständliches Lallen. In seinen Augen steht ein irrer Glanz.
„Ein böser Geist ist in ihn gefahren“, sagen die Ärzte und Heilkundigen. „Wir können ihm nicht helfen.“

Eines Morgens ist der König verschwunden.
Wie ein Gespenst sehen ihn die Menschen durch die Wälder und Felder irren.
Wie ein Tier ernährt er sich von Gras und Wurzeln. Seine Schlafstätten sind Höhlen und Wälder. In Fetzen hängen ihm die einst so kostbaren Kleider vom Leibe. Wie Adlerfedern wachsen seine Haare, und seine Nägel sind wie Vogelklauen. Von Furcht gepackt, ergreifen die Menschen bei seinem Anblick die Flucht.

Im Schloss regiert Belsazer, der Kronprinz. Er würde sich gern jetzt schon zum neuen König ausrufen lassen.
„Es ist nicht gut, wenn ein Reich ohne König ist“, sagen die Minister.
Daniel warnt sie.

„Der König ist nicht tot, der König ist krank.“
„Wie wagst du, ein Gefangener aus Juda, so zu uns zu reden!“, sagt Belsazer.
Hasserfüllt schaut er Daniel an.
Doch Daniel lässt sich nicht beirren. Er hat den Traum des Königs nicht vergessen.
„Lasst den Strunk mit seinen Wurzeln, legt ihn in eiserne Ketten, nehmt das menschliche Herz von ihm und gebt ihm sieben Monate lang ein tierisches Herz.“
Daniel weiß, dass der König zurückkommen wird.

Der König ist zurückgekehrt. Ohne viele Worte hat er seine Arbeiten und Pflichten wieder aufgenommen. Klar leuchten die Augen aus seinem blassen, eingefallenen Gesicht. Beschämt schlagen Belsazer und die Minister vor seinem Blick die Augen nieder.
Der König ist wieder gesund!
„Ewig lebe der König! Ewig lebe Nebukadnezar!“
Wieder und wieder steigt dieser Ruf an den Mauern des Palastes empor.
Das Volk will den König sehen. Der Platz vor dem Palast ist mit Menschen überfüllt.
Nebukadnezar tritt ans Fenster.
Er winkt mit der Hand. Er lächelt.
Ein erlöstes Aufatmen geht durch die Menge.
Daniel steht neben ihm.
„Daniel“, sagt er leise, „nun weiß ich, dass es nur einen Gott gibt und keine anderen Götter neben ihm. Ich war stolz und bin demütig geworden. Ich habe Frieden gefunden. Von nun an will ich ihm dienen.“

Die Schrift an der Wand

Noch zehn Jahre regiert Nebukadnezar nach seiner Krankheit. Es sind glückliche Jahre, nicht nur für die Babylonier, sondern auch für die Gefangenen aus Juda. Er lässt sie Häuser bauen und Gärten anlegen. Die tüchtigen Handwerker und guten Kaufleute werden von den Babyloniern geschätzt. Was Jeremia geschrieben hat, ist wahr geworden!

Da trifft die Nachricht vom Tod Nebukadnezars die Menschen wie ein schweres Gewitter.
Wer kann es fassen! Nebukadnezar, der große König, ist tot!
Von Trauer und Unruhe erfüllt, stehen die Leute auf den Straßen zusammen.
Weinend ziehen die Soldaten am steinernen Sarg des Königs vorüber.
Auch Daniel trauert.
„Durch dich hat sich mir die Macht Gottes offenbart. Daniel, ich habe dich geliebt wie einen eigenen Sohn.“
Das sind die letzten Worte, die Daniel

aus dem Munde Nebukadnezars gehört hat.
Daniel ist kein junger Mann mehr. Fünfunddreißig Jahre lebt er schon am babylonischen Königshof. Viele, die ihm gut gesinnt waren, sind gestorben, auch Aspenas, der Kämmerer, und Arioch, der Richter.
Daniel denkt an Jeremias Brief und an seine Weissagungen.
Aus Ägypten ist die Kunde von Jeremias Tod gekommen.

Der Traum Nebukadnezars von dem Standbild mit dem goldenen Haupt und den Füßen aus Eisen und Ton erfüllt sich. Von Jahr zu Jahr wird die Macht Babyloniens schwächer.
Belsazer, der älteste Sohn Nebukadnezars, denkt weder an das Wohl des Volkes noch an die Verteidigung des Landes. Dafür sind seine wilden Feste berüchtigt. Die goldenen, silbernen, steinernen und hölzernen Götter sind wieder zu Ehren gekommen. Ihre zerfallenen Tempel werden wieder aufgebaut. Die jüdischen Gefangenen bekommen Belsazers Härte zu spüren. „Mit ihrem unsichtbaren Gott haben sie Nebukadnezar verführt. Viel zu milde sind sie behandelt worden", sagt er.
Nur mit Mühe entkommen Hananja, Misael und Asarja seiner Verfolgung. Bei Daniel suchen sie Zuflucht.
„Fliehe und verstecke dich auf dem Lande, bevor Belsazer sich deiner erinnert", raten sie ihm. Daniel beruhigt sie.
„Hat Gott uns jemals verlassen, wenn wir an ihn glaubten? Ich fliehe nicht. Wir müssen ausharren. Die schwere Zeit geht dem Ende entgegen. Ihr müsst mir helfen. Die Gefangenen brauchen uns jetzt mehr als früher. Geht zu ihnen! Sie dürfen nicht vergessen, dass Gott uns liebt, auch wenn er uns mit dieser langen Gefangenschaft straft. Macht ihnen Mut!"
Durch Daniels Worte gestärkt, machen sich die drei wieder auf den Weg. Belsazer hat sie von ihrem Statthalteramt über die Landschaft Babel abgesetzt. Gott aber hat ihnen jetzt größere Aufgaben bestimmt.

Im Palast des Königs wird ein Fest gefeiert.
Belsazer hat dazu seine Freunde geladen. Tausend sind es an der Zahl, Vögte, Höflinge, Hauptleute, Krieger und Götzenpriester.
Im Scheine der Fackeln und Kerzen glänzen die bunten Stoffe, blitzen und funkeln die Edelsteine. Musikanten spielen auf.
Tänzer und Tänzerinnen vertreiben den Gästen die Zeit.
Diener tragen riesige Platten mit Braten, Fischen, Geflügel und Gemüse herbei. Andere füllen große Krüge mit Bier und mit altem Wein. Türme aus

Obst und Schalen mit süßem Backwerk schmücken die Tische.
Schon dringt das Grölen der Betrunkenen aus den Mauern des Palastes in die schwarze Nacht hinaus. Belsazer kann kaum mehr aufrecht in seinem Stuhle sitzen. Mit glasigem Blick starrt er auf seinen vollen Becher.
„Die Juden sollen mich kennen lernen. Ich werde in Zukunft mit ihrem Blute schreiben“, lallt er.
„Hoch lebe Belsazer! Hoch! Hoch!“, schreien die Männer.
Die Rufe stacheln den König zu immer neuen Lästerungen an.
„Sagt mir, wer ist eigentlich dieser unsichtbare Gott? Komm her, du Gott der Juden, lass dich sehen! Bist du aus Luft? Komm her und beweise mir deine Kraft!“
„Hoch lebe Belsazer! Hoch! Hoch! Unsere Götter sind die wahren Götter“, antworten die Männer.
Der König lacht auf.
„Sind nicht die Schatzkammern voll von Geräten aus Jerusalems Tempel? He, Schatzmeister, bring sie her, die Leuchter, die goldenen Becher und Schalen! Wir wollen daraus saufen!“
Der alte Schatzmeister erblasst.
Sind es nicht heilige Geräte? Hat nicht Nebukadnezar sie gelehrt, diesen Gott zu verehren?
„Was zögerst du?“, schreit ihn Belsazer an. „Her mit den Schätzen aus Juda!“
Auf einem von zwei Dienern getragenen Tablett werden die kunstvoll gearbeiteten Geräte hereingetragen.
„Hier auf den Tisch!“, befiehlt Belsazer.
Eigenhändig füllt er die Becher und Schalen mit Wein.
Was tut’s, dass die Hälfte danebenfließt.
Als Erster hebt er seinen goldenen Becher empor.
„Hoch lebe der unsichtbare Gott unserer Sklaven“, höhnt er. „Kommt, wir wollen alle auf ihn …“
Mitten im Satz bricht er ab.
Sein Gesicht entstellt sich. Seine Augen starren an die Wand.
Entsetzt folgen die Gäste seinem Blick.
Groß und langsam schreibt eine unsichtbare Hand Buchstaben auf die weiße Fläche.
Aus den Buchstaben entstehen Worte.
Wer kann sie lesen?
Es ist eine fremde Sprache.
Der König bricht auf seinem Sessel zusammen. Er zittert.
„Was ist das?“, flüstert er in die unheimliche Stille hinein.

Ist es der Rausch?
Ist es nur Spuk, eine Täuschung?
Nein, klar und deutlich stehen nun die Worte an der Wand.

MENE MENE TEKEL U-PHARSIN

„Holt die Weisen und Schriftgelehrten!“, befiehlt der König. „Sie sollen mir die Schrift entziffern und deuten.“
Die Stimme versagt ihm.
„Weckt sie aus dem Schlaf! Beeilt euch!“, flüstert er schwach.

Ratlos betrachten die Weisen und Schriftgelehrten die Worte an der Wand.
„Wer diese Schrift liest und mir sagt, was sie bedeutet, der soll mit Purpur gekleidet werden. Ich will ihm eine goldene Kette schenken und ihn zum Fürsten machen“, verspricht der König.
Doch keiner der Weisen vermag das Rätsel zu lösen.
In ihren Augen begegnet der König seiner eigenen Angst.
Er jagt sie fort.
Verzweifelt blickt er um sich.
Die Kerzen flackern. An der Wand bewegen sich riesige Schatten. Auf den Tellern und Platten sind die Speisen kalt geworden. Niemand füllt die halb leeren Becher nach.
Von Furcht und Schrecken gepackt, haben sich die meisten Gäste davongemacht.

„Daniel!“
Es ist die Königin, die sich plötzlich seiner erinnert.
„Mein König“, sagt sie, „erschrick nicht so! Ich kenne einen Mann in

deinem Reich, der dir helfen kann. Er hat deinem Vater Träume gedeutet und ihm dunkle Sprüche offenbart. Nebukadnezar hat ihn zum Obersten über die Weisen und Sternseher und Gelehrten gemacht. Daniel! Ihn musst du rufen!“
Der König schweigt lange.
„Daniel!“
Er hat ihn seit dem Tode Nebukadnezars nie mehr gesehen.
„Gut“, sagt er, „bringt ihn her zu mir!“

Mitternacht ist längst vorbei. Ruhig geht Daniel neben dem Boten des Königs zum Schloss hinüber. Er ist frei von Angst.
„Mein Gott“, bittet er, „gib mir, dass ich deinem Feind mit den rechten Worten begegne!“
Stumm wird er vom König empfangen. Nur wenige Getreue sind noch bei ihm.
Von Daniels Gesicht geht ein Leuchten aus, das den König verwirrt.
„Daniel, den mein Vater aus Juda hergebracht hat, lies und deute mir diese Schrift an der Wand! Ich will dich dafür in Purpur kleiden. Ich will dir eine goldene Kette schenken und dich zum Fürsten machen.“
Daniel sieht die Schrift.
Er sieht die Überreste des königlichen Gelages und auf dem Tisch die Geräte aus dem Tempel Gottes.
Ihr Anblick erfüllt ihn mit Trauer.
„Belsazer“, sagt er, „behalte deine Geschenke für dich oder gib sie einem anderen! Ich begehre weder Macht noch Reichtum. Dein Vater war ein stolzer und mächtiger König und ist demütig geworden vor Gott. Du aber, Belsazer, der du das alles weißt, hast die goldenen, silbernen, steinernen und hölzernen Götter angebetet; du hast aus den heiligen Gefäßen getrunken und den lebendigen Gott, der allem das Leben gibt, verhöhnt und verspottet. Ich will dir die Schrift lesen und deuten. Gott hat sie an die Wand geschrieben.

MENE MENE TEKEL U-PHARSIN

Das heißt: Gezählt, gezählt, gewogen, verteilt. Die Tage deines Königreichs sind gezählt. Gott hat dich gewogen und zu leicht befunden. Dein Königreich wird von den Medern und Persern erobert und geteilt werden.“
Kaum hat Daniel zu Ende gesprochen, ist die Wand weiß wie vorher.
Hat der König in seiner Betrunkenheit die furchtbare Weissagung begriffen? Müßte er jetzt nicht niederfallen und Gott um Verzeihung bitten?
„Ich will mein Versprechen halten“, sagt er. „Bringt ein purpurnes Festgewand und eine goldene Kette! Und morgen will ich dich zum Fürsten ausrufen lassen.“

Bevor die Diener mit Kleid und Kette zurückkommen, ist Daniel verschwunden.
Schweigend kehrt er nach Hause zurück.
Schon rötet sich im Osten der Himmel. Bald wird die Sonne aufsteigen und mit ihr ein neuer Tag. Was wird er bringen?

Babylon erwacht.
Die Wächter öffnen den Bauern und Händlern die Stadttore. Ihre zweirädrigen Karren sind mit Blumen, Früchten und Gemüse beladen. In Körben liegen frische Eier. In engen Käfigen blöken die Lämmer.
Die Schmiede, Zimmerer, Weber und Töpfer öffnen die Türen ihrer Werkstätten.
Auf den Türmen und Zinnen der königlichen Burg liegen die ersten Strahlen der aufgehenden Sonne. Die Soldaten vor dem Eingang reiben sich verschlafen die Augen. Was tut's? Der Hauptmann wird so bald nicht kommen. Er war auf dem Fest des Königs.
Doch plötzlich wird das Tor von innen aufgerissen.
Ein Reiter jagt hinaus. Es ist der Hauptmann. Schwer bewaffnete Krieger folgen ihm.
Entgeistert starren ihnen die Wachen nach.
Was ist geschehen?
„Belsazer ist tot! Ermordet wurde er in seinem Schlafgemach aufgefunden!“
Wie ein Lauffeuer verbreitet sich die Nachricht in der Stadt.
Wer war der Mörder? Einer der jüdischen Gefangenen? Einer seiner eigenen Knechte?
Oder ein Spion der feindlichen Nachbarvölker, der Meder und Perser? Haben sie nicht schon lange auf diesen Augenblick gewartet? Sind ihre Heere vielleicht schon unterwegs zur Hauptstadt?
Die Menschen verriegeln die Häuser.
Der Markt bleibt leer. Die Blumen verwelken.

Daniel in der Löwengrube

An der Grenze kommt es zu einer Schlacht. Das babylonische Heer versucht, die Meder und Perser zurückzuschlagen. Doch der Mord an König Belsazer hat die Soldaten gelähmt. Wofür sollen sie kämpfen? Ihr Widerstand ist schwach.
Städte und Dörfer unterwerfen sich willig.
Nach fünf Tagen ziehen die fremden Herrscher in die Hauptstadt ein und nehmen Besitz von der königlichen Burg.
Von den Türmen wehen ihre roten Fahnen.
Ohne Feierlichkeiten wurde Belsazers

Leiche im Garten des Palastes verscharrt. Niemand trauert um ihn.
„Nicht wie ein Feind, sondern wie ein Freund und Retter bin ich in Babel empfangen worden", schreibt Kyros, der Perserkönig, nach Hause, „ich habe die Einwohner Babylons vom Joch befreit, das sich für sie nicht ziemte. Ich, Kyros, der große König der vier Weltgegenden!" Der König der Meder heißt Darius. Kyros steht an Rang und Macht weit über ihm. Doch sie haben sich verbündet.
Darius ist zweiundsechzig Jahre alt.
Er hat es übernommen, die Verwaltung des eroberten Reiches zu ordnen. „Sucht mir im Land hundertzwanzig kluge und ehrliche Männer! Ich will sie als Vögte über die Landschaften setzen", beauftragt er seine Minister.
Darius hat auch von Daniel gehört, von seiner Weisheit und seiner Gabe, Träume und dunkle Sprüche zu deuten. Die Schrift an der Wand ist nicht vergessen. Sie hat Daniel berühmt gemacht. Die Menschen reden voll Achtung und Ehrfurcht von ihm.
„Durch ihn redet Gott zu uns", sagen die Gefangenen aus Juda. „Er ist ein Prophet."
Darius lässt ihn zu sich kommen.
Er möchte den Mann kennen lernen, von dem sich die Leute so viele wunderbare Dinge erzählen.

Daniel trachtet nicht nach äußerem Ruhm. Bescheiden steht er vor dem neuen Herrscher.
Darius spürt die Kraft, die von ihm ausgeht.
„Willst du eine schwere Aufgabe annehmen?“, fragt er ihn.
„Ja“, sagt Daniel, „wenn Gott mich dafür bestimmt hat. Was ist es?“
„Ich will dich über die hundertzwanzig Landvögte und über die Fürsten Babylons setzen. Du sollst mein Stellvertreter sein.“
Daniel erschrickt.
Seit dem Tode Nebukadnezars hat er für Gott und sein Volk gelebt.
Darf er nun ein Amt annehmen, das einem König gleichkommt?

Aus dem Brief Jeremias weiß Daniel, dass die Gefangenschaft Judas zu Ende geht. Jetzt brauchen die Gefangenen jemanden, der beim König für sie eintreten kann. Er nimmt die Aufgabe an, die Darius ihm bestimmt hat. Doch bald bekommt er zu spüren, wie schwer es ist.
„Von Daniel sollen wir uns befehlen lassen?“, begehren einige der babylonischen Fürsten und Landvögte auf.
In ihren Herzen gärt der Neid. Jeder wäre gern selbst an Daniels Stelle gewesen.
„Finden wir nichts an ihm, wofür wir ihn bei Darius verklagen können?“, fragen sie.
Daniel weiß nicht, dass all sein Tun von ihnen bewacht wird.
Am Morgen erscheint er zu den Beratungen mit dem König und den Ministern. Am Nachmittag besucht er seine Landsleute, jüdische Priester und Freunde.
Und dreimal am Tag hört man ihn an den offenen Fenstern auf dem Söller seines Hauses beten. Sie finden nichts Schlechtes an ihm.
„Wir müssen ihm und dem König eine Falle stellen“, sagen sie. Gemeinsam hecken sie einen Plan aus, der Daniel das Leben kosten soll.
Eines Tages lassen sie sich bei Darius melden.
„Das Volk soll wissen, dass du, oh König, mächtig bist und in deiner großen Gerechtigkeit den Göttern gleich“, schmeicheln sie ihm.
„Was wollt ihr?“, fragt Darius.
„Wir bitten dich, einen Befehl zu erlassen, dass während dreißig Tagen niemand von irgendeinem Gott etwas erbitten darf, außer von dir. Du sollst das Vertrauen des Volkes prüfen!“
Einer der Fürsten hält ihm eine beschriebene Tontafel hin.
„Wir haben den Befehl schon aufgesetzt“, sagt er. „Dreißig Tage lang soll niemand von einem Gott oder einem Menschen etwas erbitten, außer von dem König. Wer dieses Gebot nicht beachtet, soll in den Graben zu den Löwen geworfen werden!“

Nur noch seinen Namen muss Darius darunter setzen.
„So soll es also sein, wie ihr mir ratet", sagt der König und greift nach seinem Griffel.
Ihre heuchlerischen Worte haben ihn betört.

Die Fürsten und Landvögte frohlocken.
Der König ist in die Falle gegangen. Ein Befehl, der seine Unterschrift trägt, darf nach dem Gesetz nicht mehr aufgehoben werden.
Im ganzen Reich wird der Erlass verkündigt.
„Ein merkwürdiger Befehl des Königs", denkt Daniel. Doch er ist ohne Misstrauen. Er ahnt nicht, dass dieser Befehl nur ihm gilt, dass die Fürsten und Landvögte nach seinem Leben trachten.
Wenn Daniel betet, das Gesicht gegen Jerusalem gewandt, hört man seine Stimme auf der Straße.
Daniel denkt nicht daran, dass er sich jetzt mit seinen Gebeten schuldig macht.
„Hört ihr ihn?", sagen die Knechte der Fürsten und Landvögte. Ihre Herren haben sie geschickt. „Hört ihr, wie er Gott bittet, ihm und dem Volk Judas beizustehen? Sollte er es vor dem König leugnen, werden wir als Zeugen gegen ihn auftreten."
„Daniel", sagt Darius, „einige Fürsten und Landvögte haben dich bei mir verklagt. Du hast meinen Befehl übertreten. Dreißig Tage lang hättest du zu keinem Gott beten und von niemandem etwas erbitten dürfen außer von mir."
„Mein König", antwortet Daniel, „als du mich zu deinem Stellvertreter bestimmt hast, habe ich Gott gebeten, mir beizustehen. Wie könnte ich meine Aufgabe erfüllen ohne seine Hilfe!"
„Wie sehr musst du deinen Gott lieben, dass nicht einmal eine schwere Strafe dich davon abhalten kann, zu ihm zu beten! Es kann dich dein Leben kosten!"
„Mein König, ich verehre dich, doch Gott hat die Angst vor den Menschen von mir genommen. Ich fürchte mich nicht."
Sinnend und ohne Groll betrachtet ihn der König.
„Ich werde versuchen, dich zu retten", sagt er leise.
Nun weiß der König, dass die Fürsten und Landvögte ihm eine Falle gestellt haben.
Sie drängen auf den Vollzug der Strafe.
„Wie lange willst du noch warten? Er hat deinen Befehl missachtet. Er soll in die Grube zu den Löwen geworfen werden!"

Wenn der König den von ihm unterzeichneten Befehl nicht ausführt, muss er einen Aufstand befürchten.
Vor dem Eingang zur Löwengrube legt er Daniel die Hand auf die Schulter.
„Deine Feinde haben mich überlistet. Ich kann dich nicht retten."
„Ich fürchte mich nicht", sagt Daniel.
Er hört das Brüllen der hungrigen Tiere. Er sieht den Steinblock, den die Fürsten und Landvögte herbeischaffen ließen. Er soll den Eingang versperren. Sie fürchten, es könnte ihn sonst jemand retten. Sie haben den Engel im Feuerofen nicht vergessen.
„Gott, dem du ein Leben lang gedient hast, helfe dir!", sagt der König.
Ohne Widerstand lässt sich Daniel von den Knechten ergreifen.

Stumm kehrt Darius in die Burg zurück. Er weiß, dass Daniel unschuldig ist.
„Habe ich alles versucht, um ihn vor seinen Feinden zu retten?", fragt er sich immer wieder.
Er berührt weder Speise noch Trank.
Er findet keinen Schlaf.
Die Wächter hören ihn stöhnen.
In der Morgendämmerung erhebt er sich und verlässt den Palast.
Die Soldaten am Burgtor fahren erschrocken auf.
Darius kümmert sich nicht um ihre erstaunten Blicke. Es treibt ihn hinaus zur Löwengrube.
Der Platz davor ist leer. Das Innere des Grabens liegt noch im Dunkeln.
Darius beugt sich über das Geländer.
Seine Stimme zittert.
„Daniel! – Daniel, lebst du?", ruft er in die unheimliche Stille hinunter.
„Mein König, hier bin ich!"
Der König kann es nicht fassen.
„Ja, ich bin es!"
Daniels Stimme ist klar und deutlich.
Freude erfüllt den König.
„Daniel! Daniel!", ruft er. „Sage mir, wer hat dich gerettet? Ist dir auch kein Leid geschehen?"
„Mein Herr König, Gott hat einen Engel geschickt, der hat den Löwen den Rachen zugehalten und sie gezähmt. Sei ohne Sorge, ich bin heil."
„Daniel, du Diener des einzigen lebendigen Gottes!", ruft der König aus.
Seine lautes Rufen lockt Soldaten und Wächter herbei.
Noch begreifen sie nicht, was hier geschehen ist. Mit offenem Munde stehen sie da.
„Steht nicht herum", befiehlt ihnen der König, „schiebt den Stein zur Seite und zieht Daniel heraus!"

Auch die Fürsten und Landvögte möchten wissen, was aus Daniel geworden ist.
Die ganze Nacht über haben sie gezecht.
Daniel, ihr Feind, ist tot!

„Ob die Löwen noch einige Knochen für unsere Hunde übrig gelassen haben?“, spotten sie.
Lärmend machen sie sich auf den Weg.
Vor der Grube hat sich inzwischen eine große Menschenmenge versammelt.
Jetzt hören sie die Stimme des Königs: „In meinem Königreich soll der Gott Daniels verehrt werden. Er ist der lebendige Gott. Sein Königreich ist unvergänglich und seine Herrschaft hat kein Ende!“
„Ewig lebe der König! Ewig lebe Daniel!“
Der Ruf des Volkes trifft die Männer wie ein Schwerthieb.
Ernüchtert bleiben sie stehen. Der Schreck lähmt ihre Zungen.
Daniel lebt!
„Flieht!“, ruft einer. Aber es ist zu spät. Der König hat sie entdeckt.
„Bringt sie her!“, befiehlt er.
Ihre Klagerufe und Unschuldsbeteuerungen erfüllen den Platz.
„Es hilft euch nichts“, sagt der König. „Ihr seid es nicht wert, dass ich das Wort an euch richte. Die Falle, die ihr mir und Daniel gestellt habt, wird nun euer eigenes Verderben sein!“
Darius hat kein Erbarmen.
„Werft sie den Löwen vor, ich will ihre heuchlerischen Stimmen nie wieder hören.“
Vor dem versammelten Volk werden sie gepackt und in die Grube geworfen.
„Sollen wir den Stein vor den Eingang rollen?“, fragen die Soldaten.
„Nein, ein Stein ist überflüssig.“

Eine Verheißung erfüllt sich

Staunend hört Kyros, der Perserkönig, was zu Babylon in der Löwengrube geschehen ist.
„Was muss Daniel für ein Mann sein“, denkt er. Bei einem Aufenthalt in Babylon lässt er ihn zu sich rufen.
Mit weißem Haar, aber immer noch aufrecht, steht der Prophet vor ihm. Er ist bald achtzig Jahre alt.
„Erzähle mir aus deinem Leben!“, bittet ihn der König.
Daniel erinnert sich. Noch einmal liegt sein Leben vor ihm ausgebreitet: seine Kindheit in Jerusalem, die Nacht seiner Gefangennahme, die ersten Jahre im fremden Land, das Wunder im Feuerofen, Nebukadnezars schreckliche Krankheit, Belsazer und die Schrift an der Wand.
Er erzählt aber auch von Jeremia und seiner Verheißung und von seinen Landsleuten, den Gefangenen. In der langen Zeit sind viele gestorben, und die Kinder kennen die Heimat nur vom Hörensagen. Fünfzig Jahre sind seit der Zerstörung Jerusalems vergangen. Doch das Heimweh ist bitter wie am ersten Tag.

Der König vergisst Daniels Worte nicht mehr. Das Schicksal dieses Volkes beschäftigt ihn und er ist ihm wohlgesinnt.
Er lässt sich Pläne von Jerusalem und dem zerstörten Tempel zeigen. Er studiert die Sitten und Bräuche des Volkes.
Seine Gelehrten müssen ihm die Geschichte der jüdischen Könige und die Weissagungen der Propheten erklären.
Der große Glaube an einen unsichtbaren Gott bewegt ihn.
Sein Entschluss steht fest.
Daniel gehört zu den Ersten, die ihn erfahren.
„Daniel", sagt Kyros zu ihm, „euer unsichtbarer Gott hat mich auserwählt. Ihr dürft in eure Heimat zurückkehren. Auf Kosten des Königshauses soll der Tempel in Jerusalem wieder aufgebaut werden. Auch die heiligen Geräte will ich euch wiedergeben."
Daniel fällt auf die Knie.
„Gott ist mächtig", betet er.
„Er ändert Zeit und Stunde,
wann er will.
Er setzt Könige ab
und setzt Könige ein.
Er schenkt uns Weisheit
und Verstand.
Er weiß, was tief verborgen ist.
Er weiß, was in der Finsternis liegt.
Ich danke dir und lobe dich,
Herr, mein Gott!"

Der Erlass des Königs erfüllt die Gefangenen mit Freude und Erregung. Sesbazar, einer ihrer tapferen Männer, soll den Rückzug leiten und führen.
Der Weg ist lang.
Über tausend Meilen beträgt die Strecke von Babylon nach Jerusalem.
Die Vorbereitungen dauern Wochen.
Einige entschließen sich, in Babylon zu bleiben. Der König hat es ihnen freigestellt. Sie haben Geschäfte angefangen und sind zu hohem Ansehen und Reichtum gelangt. Die Fremde ist ihnen zur Heimat geworden.
Viele sind alt und können den beschwerlichen Weg nicht mehr gehen.
Und Daniel?
Er spürt, dass sein Leben dem Ende entgegengeht, dass er die ihm von Gott gestellte Aufgabe erfüllt hat.
„Komm doch mit uns!", bitten ihn die Heimkehrer. „Wir rüsten dir einen Wagen!"
Daniel lächelt.
„Mein größter Wunsch ist in Erfüllung gegangen. Ich bleibe hier, doch mein Herz zieht mit euch."
Er überreicht Sesbazar eine Schriftrolle.
„Bewahre sie gut!", sagt er. „Lege sie in den neuen Tempel zu Jerusalem!"
Es ist der Brief des Jeremia.

Der Tag der Abreise ist gekommen.
Es ist Frühling.
Schon während der Nacht haben sich

die Rückkehrer in Gruppen versammelt. Bei Aufgang der Sonne setzt sich der Zug langsam in Bewegung.
An den Fenstern stehen Menschen, Neugierige, Freunde und Bekannte. Sie winken den Reisenden und werfen ihnen Blumen zu.
Der Zug scheint endlos. Tausende sind es, ganze Familien mit ihren Knechten und Mägden. Dazwischen gehen die mit Nahrungsmitteln und Hausrat beladenen Tiere, Maulesel, Pferde und Kamele.
In den Dörfern und kleinen Städten werden sich dem Zug noch mehr anschließen.
Voran gehen die Sänger und Sängerinnen. Sie tragen die Lauten und Harfen um ihre Schultern. Sie stimmen die alten Lieder ihrer Heimat an. Den Musikanten folgen die Wagen mit den heiligen Geräten. Dreißig goldene und tausend silberne Becken sind es, dreißig goldene und vierhundertzehn silberne Becher. Tausend andere Gefäße, neunundzwanzig Messer und zehn Leuchter aus lauterem Gold, mit goldenen Blumen verziert. Wie einst sollen sie den Tempel in Jerusalem schmücken.
Daniel steht auf dem Dach seines Hauses.
Immer wieder gerät der Zug ins Stocken. Die Heimkehrer bleiben stehen und grüßen zu ihm hinauf.
Daniel kennt viele, die Kinder von Gibbar und Bethlehem, die Männer von Michmas und von Jericho, die Kinder von Rama und Geba, die Sänger, die Priester und Tempeldiener aus Jerusalem.
Die Tränen laufen ihm über die Wangen.
In Gedanken begleitet er sie.
Nun werden sie am großen Strom, dem Euphrat, entlang nach Norden ziehen. Sie werden Zelte aufschlagen und an den Lagerfeuern Lieder singen.
Eines Tages werden sie die Grenzen ihrer Heimat überschreiten und den See Genezareth und die braunen Berge Judas sehen …
Daniel merkt nicht, dass die Sonne schon längst hoch am Himmel steht, dass sie ihn sengt und dass seine Füße vom langen Stehen müde sind.
Weit draußen vor der Stadt steht der aufgewirbelte Staub wie eine Wolke über dem Zug.
Plötzlich legt ihm jemand die Hand auf die Schulter.
Erschrocken fährt Daniel aus seinen Träumen auf.
„Hananja, Misael, Asarja! Ihr seid es!“
Er lächelt.
Auch sie sind alt geworden. Auch sie haben weißes Haar. Misael hinkt und stützt sich auf einen Stock.
„Ja, wir sind es!“, antworten sie. „Wir bleiben bei dir!“

Jesus

Vor zweitausend Jahren

Zweitausend Jahre sind es her, seit Jesus gelebt hat.
Zweitausend Jahre sind es her, seit er von Pontius Pilatus zum Tode verurteilt wurde.
Aber noch immer erzählen wir von ihm und denken über seine Worte und sein Wirken nach. Wie zu seinen Lebzeiten hat Jesus auch heute noch Freunde und Feinde.
Von seinen Anklägern wurde ihm vorgeworfen, er habe sich zum König der Juden gemacht und das Volk gegen die römische Besatzungsmacht aufgehetzt.
Es war im fünfzehnten Jahr der Regierung des Kaisers Tiberius.
Pontius Pilatus war sein Statthalter in Judäa. Zu Palästina gehörten neben Judäa auch noch die Provinzen Galiläa und Samaria.
Die Aufgabe des römischen Statthalters war nicht einfach. Als Römer waren ihm die Bräuche und religiösen Gesetze der Juden fremd. Tiberius hielt seinen Statthalter an, die Traditionen des jüdischen Volkes zu achten, aber Rebellen hart zu bestrafen.
Die angesehenen Familien im Lande versuchten, sich aus eigenen Interessen mit den Eroberern gut zu stellen.
Doch im Volk kam es immer wieder zu Aufständen. In Galiläa bildeten sich Gruppen von Männern, die sich gegen die Herrschaft der Römer zur Wehr setzten. Viele bezahlten dafür mit ihrem Leben. Man nannte sie Zeloten.
War Jesus einer von ihnen?
Er kam aus Nazaret.
Er zog durch die Dörfer und Städte Galiläas und versuchte, mit den Menschen ins Gespräch zu kommen. Er nahm sich der Verachteten und Verstoßenen an. Er machte zwischen Armen und Reichen, Einfachen und Gebildeten keinen Unterschied.
Wo Jesus hinkam, liefen die Menschen zusammen, um ihn zu hören.
Der Glaube an seine Worte machte Blinde sehend und Kranke gesund.
Er befreite Menschen von der Angst und schenkte ihnen neue Hoffnung.
Aber Jesus machte sich damit auch Gegner.
Besonders die Pharisäer und unter ihnen Priester und Schriftgelehrte traten gegen Jesus auf. Sie waren mit seiner Botschaft und seiner Auslegung der alten Gesetze nicht einverstanden. Sie fürchteten, der Mann aus Galiläa könnte Unruhe stiften, das Volk aufhetzen, ihre eigene Macht gefährden. Sie gaben keine Ruhe, bis er verurteilt wurde. Als Jesus am Kreuze starb, war er dreiunddreißig Jahre alt.

Johannes der Täufer

Das jüdische Volk leidet unter der römischen Herrschaft. In Galiläa hat Tiberius den Herodes Antipas als Landesfürsten eingesetzt. Viele klagen über die Steuern und Lasten, die er ihnen im Namen des Kaisers auferlegt.
Muss nun nicht bald der von den Propheten vorausgesagte Christus kommen?
Viele Menschen glauben daran, sind voller Erwartung.
Einer von ihnen ist Johannes, der Sohn des Priesters Zacharias. Er geht in die Wüste, bekleidet sich mit einem Fell, lebt von Heuschrecken und dem Honig wilder Bienen. Hirten lassen ihn an ihrem Brunnen trinken.
In der Stille wartet er auf die Stimme Gottes. Als sie ihn ruft, ist er bereit.
„Johannes, geh zu den Menschen! Öffne ihre Herzen! Mache sie bereit, den Messias zu empfangen!"
Johannes gehorcht.
Er durchzieht die Gegend am Jordan und predigt.
„Ändert euch", sagt er zu den Menschen, „eine neue Zeit bricht an!"
„Was sollen wir denn tun?", fragen sie ihn.
„Wer zwei Hemden hat, soll dem eins geben, der keins hat, und wer etwas zu essen hat, soll es mit anderen teilen."
Zu den Soldaten sagt er:
„Beraubt die Leute nicht, sondern begnügt euch mit dem Sold."
„Verlangt nicht mehr, als das Gesetz es erlaubt", predigt er den Zöllnern.
Johannes hat keine Angst.
Sogar den König wagt er zu tadeln.
Viele sind bereit, sich zu ändern und ein neues Leben zu beginnen.
Johannes tauft sie im Wasser des Jordan.
„Bist du Christus?", fragen sie ihn.
„Bist du der Retter, den die Propheten vorausgesagt haben?"
„Nein", antwortet Johannes, „ich bin nicht einmal gut genug, ihm die Sandalenriemen zu lösen. Er ist viel mächtiger als ich. Er wird euch nicht mit Wasser, sondern mit dem Heiligen Geist taufen."

Jesus lässt sich taufen

Johannes steht am Ufer des Jordan.
Er ist von vielen Menschen umgeben.
Sie warten darauf, ihn sprechen zu hören, sich von ihm taufen zu lassen.
Plötzlich sieht er einen Mann auf sich zukommen.
Es ist Jesus.
„Auch ich möchte mich von dir taufen lassen."
„Wie kann ich dich taufen?", sagt Johannes. „Du bist viel mächtiger als ich!"
„Gott will es!", sagt Jesus.

Zusammen steigen sie ins Wasser.
Jesus betet.
Plötzlich ist ihm, als öffne sich der Himmel.
Wie eine Taube schwebt der Geist Gottes über ihm.
Demütig lauscht Jesus der Stimme, die zu ihm sagt:
„Du bist mein Sohn. Ich habe Freude an dir. Ich habe dich erwählt."

Wie Johannes ist Jesus jetzt dreißig Jahre alt.
Jahrelang war er unterwegs, hat den Gesprächen weiser Männer zugehört, hat mit den Schriftgelehrten in den Synagogen diskutiert. Aber er hat auch mit den einfachen Menschen in den Werkstätten und auf der Straße gesprochen, den Händlern auf dem Markt, den Hirten und Fischern.
Er kennt ihre Freuden und Nöte.
Nach der Begegnung mit Johannes bleibt Jesus vierzig Tage lang in der Wüste.
Er ist allein.
Er ringt mit sich selbst, zweifelt.
Aber nun sieht er seine ihm von Gott bestimmte Aufgabe deutlich vor sich:
Er muss die Menschen von ihrer Angst erlösen. Er will sie überzeugen, dass Gott sie alle ohne Ausnahme liebt und für jeden Verständnis hat, auch für die Hilflosen und Verachteten.
Viele sind da, die Palästina vom Joch der Römer befreien möchten. Aber es gibt noch eine andere Freiheit als die, die man sich mit Waffen erkämpfen kann.
Erfüllt von seiner Aufgabe, kehrt Jesus in seine Heimatstadt Nazaret in Galiläa zurück.

Jesus in Nazaret

Die Sonne ist untergegangen. Vom Dach der Synagoge ertönt ein Horn. Der Sabbat ist angebrochen. Jetzt legen auch die Unermüdlichen ihre Arbeit zur Seite. Der Feiertag ist ihnen heilig.
„Hast du schon von Jesus gehört?", fragt der Sattler den Bäcker, der eben seinen Laden zuschließt. „Er ist hier und wird morgen predigen." Am folgenden Tag ist die Synagoge bis auf den letzten Platz besetzt. Es ist ein rechteckiger Raum. Die Männer und Jungen stehen und sitzen den Wänden entlang. Die Frauen hören von einer Empore aus zu.
Unter den Anwesenden sind auch die Eltern von Jesus, Maria und Josef.
Der Leiter der Gemeinde beginnt den Gottesdienst mit den Worten:

„Hört, ihr alle aus Israel:
Unser Gott ist der einzige Gott.
Er ist der Herr, keiner sonst.
Ihr sollt ihn lieben, unseren Gott,

von ganzem Herzen
und von ganzer Seele
und mit aller eurer Kraft."

Neben dem Lesepult brennen die Lichter.
Der Synagogendiener reicht Jesus eine der heiligen Schriften.
Es ist die Rolle mit den Worten des Propheten Jesaja.
Jesus öffnet sie und beginnt zu lesen:

„Der Herr hat mich erwählt.
Er hat mir gesagt,
dass bald einer kommen wird,
der den Unterdrückten
die Freiheit bringt,
der Blinde sehend macht
und die Armen tröstet."

Jesus schließt die Rolle wieder.
Erwartungsvoll schaut ihn die Menge an.
Wie wird er diese Worte auslegen?
Es ist eine Prophezeiung, die den Zuhörern Kraft gibt, sie mit Hoffnung erfüllt.
Jesus schweigt einen Augenblick.
Dann sagt er einfach:
„Was Jesaja vor vielen Jahren vorausgesagt hat, ist eingetroffen. Der Retter ist da."
Diese Worte hat niemand erwartet.
Die Pharisäer und Schriftgelehrten wechseln erstaunte Blicke.
Meint Jesus sich selbst damit?
„Ja, er hat Recht!", rufen einige Männer.
Andere aber fangen an zu tuscheln:
„Ist das nicht der Sohn Josefs, des Zimmermanns?"
Die Gemeinde erkennt ihn.
Viele lachen.
„Nur der Sohn des Zimmermanns!"
„Das ist sicher nicht der, von dem Jesaja gesprochen hat."
Einer sagt:
„Du bist ein Angeber!"
„Ich weiß", sagt Jesus, „ein Prophet gilt nichts in seiner Heimatstadt."
Eine Bewegung der Empörung geht plötzlich durch den Raum.
„Sei still!"
„Wer bist du eigentlich, du ...?"
Sie gehen auf Jesus zu.
Am liebsten hätten sie ihn geschlagen.
Aber keiner getraut sich, ihn anzurühren.
Wie einen Verbrecher jagen sie ihn zur Synagoge und zur Stadt hinaus.

Jesus beruft Petrus

Petrus lebt als Fischer am See Genezareth.
Mürrisch sitzt er am Ufer und reinigt seine Netze.
Er hat sie leer ans Ufer gebracht.
Auch die anderen Fischer haben beinahe nichts gefangen. Ihre schwere Arbeit war umsonst.

Plötzlich entdeckt Petrus eine Menschenmenge, allen voran ein junger Mann.
Er nähert sich dem Ufer.
„Was soll das bedeuten?“, fragt Petrus und wendet sich zu Johannes und Jakobus, die in seiner Nähe sitzen.
„Es ist Jesus mit seinen Anhängern“, sagt Jakobus. „Hast du noch nichts von ihm gehört?“
Jesus kommt auf ihn zu.
Petrus erschrickt.
„Bitte fahr mich ein Stück aufs Wasser hinaus“, sagt Jesus.
Petrus gehorcht.
Am Ufer warten die Menschen.
Vom Wasser aus erzählt Jesus von Gott.
Es sind Worte, wie Petrus sie noch nie gehört hat. Es ist ihm seltsam zumute.
„Ich danke dir“, sagt Jesus zu ihm.
Petrus fährt ihn wieder ans Ufer zurück.
„Fahre noch einmal hinaus“, sagt Jesus, „leg dein Netz aus, wo das Wasser am tiefsten ist.“
„Ach“, sagt Petrus, „wir haben alle unsere Netze draußen gehabt und nichts gefangen; aber ich will es versuchen, weil du es sagst.“
Jakobus und Johannes begleiten ihn mit ihren Booten.
Kaum hat Petrus sein Netz ausgeworfen, sieht er, wie sich ein großer Fischschwarm in den engen Maschen verfängt. Sein Boot schwankt.

„Kommt, helft mir!“, schreit er Johannes und Jakobus zu. Aber auch ihre Netze sind über und über voll.
Mit gegenseitiger Hilfe bringen sie den kostbaren Fang ans Ufer.
Die anderen Fischer staunen.
Tausende von zuckenden Fischleibern glänzen in der Sonne.
Über Petrus’ Stirn laufen die Schweißtropfen.
Er kümmert sich nicht mehr um den Fang.
Er fällt vor Jesus auf die Knie.
„Ach, ich bin ein Mensch voller Fehler“, sagt er.
„Fürchte dich nicht“, sagt Jesus, „in Zukunft wirst du Menschen fischen.“
Was meint Jesus mit diesen Worten?
Er braucht sie Petrus nicht zu erklären.
Petrus steht auf, zieht sein Boot ans Ufer und folgt Jesus nach. Aber auch Johannes und Jakobus lassen alles liegen und gehen mit ihnen.

Jesus heilt einen Gelähmten

Mit seinen neuen Gefährten bleibt Jesus noch einige Tage am See Genezareth.
„Sind das nicht Petrus, Johannes und Jakobus, die Fischer?“, tuscheln die Leute.
Es ist also wahr.
Sie haben ihre Arbeit und ihre Familien verlassen.
Viele empören sich.
„Wer ist dieser Jesus?“, fragen sie immer wieder.
In Kafarnaum ist Jesus bei einem seiner Freunde zu Gast. Aber die Menschen lassen ihm keine Ruhe. Sie versammeln sich vor dem Haus und begehren Einlass.
Der große Raum vermag nur einen kleinen Teil der Leute zu fassen.
Unter den Zuhörern sind auch Pharisäer und Gesetzeslehrer. Sie sind von weit her gekommen, aus Galiläa und Judäa, sogar aus Jerusalem.
Werden sie für oder gegen Jesus sein?
Viele von ihnen sind zwischen Bewunderung und Misstrauen hin- und hergerissen.
Jesus versucht, sie mit einfachen Worten von seiner Botschaft zu überzeugen.
Nur wenige spüren, dass Gott aus ihm spricht.
Hat er wirklich auch die Kraft, Kranke gesund zu machen? Seine Anhänger glauben daran. Sie brauchen keine Beweise.
Ein Gelähmter lässt sich von vier Freunden zu Jesus tragen. Doch wie soll er zu ihm gelangen?
Der offene Eingang ist von Menschen belagert.
Niemand ist bereit, Platz für den Gelähmten zu schaffen. Die Verzweif-

lung des Kranken macht die vier Träger erfinderisch.
Von der Hinterseite des Hauses her besteigen sie das flache Dach.
Sorgfältig fangen sie an, das Dach abzudecken.
Belustigt blicken die im Haus Versammelten zur Decke empor.
Die Öffnung wird immer größer.
„Was fällt euch ein!“, ruft der Hausherr. „Macht, dass ihr fortkommt!“
Jesus beschwichtigt ihn.
Er hält in seiner Rede inne.
In der offenen Luke erscheint eine Matte.
An vier starken Seilen gleitet sie mit dem Gelähmten hinunter und Jesus vor die Füße.
Bittend schaut der Kranke ihn an.
Jesus ist bewegt.
Was für ein Vertrauen muss dieser Mann zu ihm haben!
„Deine Schuld ist dir vergeben“, sagt er.
Die Pharisäer und Gesetzeslehrer sind über diese Worte entsetzt. Wie kann Jesus es wagen, so zu reden. Für wen hält er sich denn? Nur Gott kann Schuld vergeben.
Jesus hat ihre Gedanken erraten.
„Was glaubt ihr“, fragt er sie, „ist es leichter zu sagen: ‚Deine Schuld ist dir vergeben‘ oder ‚Steh auf und geh‘?“
Er bekommt keine Antwort.
„Ich will euch beweisen, dass der Menschensohn das Recht hat, Schuld zu vergeben!“, fährt Jesus fort. Dann wendet er sich an den Gelähmten.
„Steh auf, nimm deine Matte und geh nach Hause!“
Die Zuschauer halten den Atem an.
Nur noch das Summen einer Fliege ist zu hören.
Der Mann erhebt sich. Er rollt seine Matte zusammen und geht, ohne zu zögern, aus dem Raum.
Ehrfürchtig weichen die Leute zur Seite.
Ein Murmeln geht durch den Raum.
Eine junge Frau fängt laut an, Gott zu loben.
Bald stimmt die ganze Versammlung ein, immer noch von Staunen erfüllt.
„Noch nie haben wir so etwas Wunderbares erlebt“, sagen sie.

Zachäus

Zachäus findet keine Ruhe mehr.
Jesus wird in Jericho Rast machen und predigen.
„Ich muss ihn sehen“, denkt er.
Über die hohe Mauer seines Gartens dringt lautes Stimmengewirr.
„Er kommt!“, schreit jemand.
Zachäus eilt auf die Straße hinaus.
Hunderte von Neugierigen säumen den Wegrand.
Zachäus stellt sich auf die Zehenspitzen, doch er ist zu klein, um etwas zu sehen. Vergeblich versucht er, sich

zwischen den Leuten nach vorn zu drängen. Er hört, wie die Männer ihn hinter seinem Rücken verspotten. Er ist Oberzöllner im Dienste der Römer. Seine Beamten ziehen die Steuern ein. Davon bleibt ein großer Teil in seiner eigenen Tasche. Er weiß, dass die Leute ihn hassen. Aber er kümmert sich jetzt nicht darum. Er hat nur den Wunsch, Jesus zu sehen.

Ohne sich zu besinnen, klettert er auf einen Maulbeerbaum.

Jesus kommt mit seinen Jüngern die Straße hinauf.

In einem Dorf zwischen Samaria und Galiläa hat Jesus zehn Aussätzige geheilt.

Was wird sich in Jericho ereignen?

Eine Frau wirft Jesus eine Blume zu. Ein Blinder streckt ihm seine Arme entgegen.

Was ist?

Jesus bleibt stehen.

Er schaut in das Geäst des Maulbeerbaumes hinauf.

Zachäus fühlt sich entdeckt. Er schämt sich, spürt, wie die Röte in sein Gesicht steigt.

„Zachäus, warum versteckst du dich im Baum?“, fragt Jesus. „Komm herunter! Ich möchte heute bei dir zu Gast sein.“

Umständlich steigt der kleine Zachäus vom Baum herunter.

Niemand wagt zu lachen.

„Ich freue mich“, sagt er leise, „lass mich vorausgehen, um mein Haus für dich schön zu machen.“

Die Umstehenden entrüsten sich.

„Weißt du denn nicht, wer dieser Mann ist? Ein Verräter, der mit den Römern unter einer Decke steckt und uns bestiehlt!“

Ruhig blickt Jesus in ihre empörten Gesichter.

„Ist Gott nicht für alle da, die ihn suchen?“, sagt er leise.

„Herr, ich verspreche dir, ich will die Hälfte meines Vermögens den Armen schenken und mein Unrecht gutmachen“, sagt Zachäus.

Zusammen sitzen sie am Tisch.

„Ich bin gekommen, um die Verlorenen zu suchen“, sagt Jesus. „Gott liebt dich!“

Zachäus ist still geworden.

Er weiß, dass er den lange gesuchten Frieden gefunden hat.

Der barmherzige Samariter

„Meister, kannst du mir sagen, wie ich das ewige Leben erlange?“

Jesus weiß, dass der Schriftgelehrte ihn mit dieser Frage prüfen und in Verlegenheit bringen will.

„Warum fragst du mich? Bist du nicht ein gelehrter Mann, der die heiligen Schriften und die Gesetze kennt? Was steht dort?“

Der Schriftgelehrte errötet. Jesus hat ihn durchschaut.
„Das ewige Leben wird der erlangen, der Gott von ganzem Herzen liebt und seinen Nächsten wie sich selbst."
Jesus nickt.
„Wenn du das wirklich tust, so wirst du leben!"
Der Schriftgelehrte gibt noch nicht auf und bedrängt Jesus weiter:
„Aber wer ist denn das, ‚mein Nächster'?"
„Hör zu!", sagte Jesus. „Ich will dir eine Geschichte erzählen:
Es war einmal ein Mann, der wanderte von Jerusalem nach Jericho. An einer einsamen Stelle stürzten drei Räuber hinter einem Felsen hervor. Sie schlugen ihn zu Boden, rissen ihm die Kleider vom Leibe und raubten ihn aus. Verwundet ließen sie ihn liegen. Kurz darauf kam ein Priester. ‚Ach', dachte er, ‚da liegt ein Toter. Damit will ich lieber nichts zu tun haben.' Er machte einen Bogen um den Verletzten und ging weiter. Auch ein Tempeldiener kam des Weges. Als er sah, dass der Mann am Boden von Räubern überfallen worden war, packte ihn die Angst. So schnell er konnte, lief er davon. Der Verwundete stöhnte. Er versuchte sich aufzurichten, aber er war zu schwach. Es ging gegen Abend. Ohne fremde Hilfe musste er sterben. Plötzlich hörte er jemanden auf einem Reittier daherkommen. Es war ein von Galiläern und Judäern verachteter Samariter. Als er den Verwundeten sah, gab er ihm zu trinken und wusch seine Wunden aus. Dann setzte er ihn auf sein Maultier, stützte ihn, so gut er konnte, und führte ihn zum nächsten Gasthaus. ‚Pflege ihn, bis es ihm besser geht', sagte er am anderen Morgen zum Wirt und gab ihm zwei Silberstücke. ‚Wenn es mehr kostet, bezahle ich es dir auf meiner Rückreise.'"
Schweigend hat der Schriftgelehrte zugehört.
„Was meinst du jetzt?", fragt Jesus. „Wer hat den Verwundeten als seinen Nächsten erkannt, der Priester, der Tempeldiener oder der verachtete Samariter?"
Diese Frage braucht keine Antwort mehr.
Beschämt steht der Schriftgelehrte auf und geht davon.
Nun hat nicht er Jesus, sondern Jesus ihn geprüft.

Bei Marta und Maria

Jesus ist den ganzen Tag gewandert. Er hat gepredigt, hat versucht, die Nöte und Anliegen der Menschen zu verstehen.
Unter seinen Zuhörern sind auch Marta und Maria, zwei Schwestern.
Gerne nimmt er die Einladung an,

sich mit seinen Jüngern in ihrem schönen Haus auszuruhen.
Diese Ehre!
Marta strahlt.
Sie ist für ihre Kochkünste berühmt.
Für den hohen Gast soll ihr keine Mühe zu viel sein.
Isst er lieber Fisch oder Fleisch? Welches Gemüse mag er wohl am liebsten? Sind die Feigen von gestern noch frisch genug? Sie wird neue pflücken.
Im Herd brennt das Feuer.
Ihr Gesicht ist rot und glüht vor Eifer.
Wo bleibt nur Maria?
Der Tisch ist noch nicht gedeckt, der Wein nicht gekühlt.
Marta schaut in den Hof hinaus.
Jesus liegt im Schatten des Feigenbaums.
Maria sitzt neben ihm und lauscht seinen Worten.
Sie scheint nichts anderes zu sehen und zu hören.
Marta ist empört.
Sie tritt hinzu und stellt sich vor den beiden auf.
„Herr“, sagt sie, „siehst du nicht, dass mich meine Schwester die ganze Arbeit allein tun lässt? Sag ihr doch, dass sie mir helfen soll!“
Jesus schaut sie sinnend an. Er versteht ihren Eifer. Er möchte ihr nicht wehtun.
„Ach, Marta“, sagt er, „du machst dir

viel Mühe und Arbeit um mich. Aber es ist doch nur eines nötig. Maria hat das Bessere gewählt. Wir wollen es ihr nicht nehmen."
Marta läuft zum Herd zurück.
Sie denkt über Jesu Worte nach.
Ja, Maria hat das Bessere gewählt. Die Botschaft Jesu ist jetzt wichtiger als das Essen.
Zögernd geht sie zu den beiden hinaus.

Der römische Offizier

„Ich bin mit meiner Kunst am Ende", sagt der Arzt.
Der Junge liegt mit geschlossenen Augen da. Manchmal bäumt er sich auf und stöhnt.
Er ist vom Tode gezeichnet.
Der römische Offizier hält seine Hand, versucht, ihn zu beruhigen. Der Junge ist einer seiner Diener. Er hat ihn aus Rom mitgebracht und fühlt sich verantwortlich für ihn.
Jesus könnte ihm helfen.
Er ist heute in Kafarnaum.
Würde er wohl auch in das Haus eines Römers kommen, in das Haus eines Feindes?
Der Römer hat einige angesehene jüdische Freunde.
Vielleicht, wenn sie Jesus darum bitten …
„Du hast uns auch beim Bau unserer Synagoge geholfen", sagen sie, „wir tun es gern."

Jesus sitzt auf dem Platz vor der Synagoge. Wie immer ist er von Menschen umgeben.
„Was wollt ihr?", fragt er die Männer.
„Ein römischer Offizier schickt uns. Sein Diener ist krank, und er bittet dich um Hilfe."
„Zeigt mir, wo er wohnt!"
Jesus steht auf und geht mit ihnen.
Der Offizier sieht Jesus kommen und erschrickt. Hat er nicht zu viel verlangt?
Er schickt ihm einen Boten entgegen.
„Ich bin nicht würdig genug", lässt er Jesus ausrichten, „ich bin nicht würdig genug, dass du in mein Haus kommst. Sicher brauchst du nur ein Wort zu sagen, um meinen Diener gesund zu machen."
Jesus staunt über diesen Glauben.
„Wird er dem Römer helfen?", fragen sich seine Jünger.
Jesus hat ihre Gedanken erraten.
„Er will mich nicht sehen und glaubt doch an mich", sagt er. „Ich bin in ganz Israel noch keinem Menschen begegnet, der ein solches Vertrauen zu mir hat."
Als der Bote nach Hause zurückkommt, ist der Junge gesund.

Jesus betet

Immer wieder hat Jesus das Bedürfnis allein zu sein, sich von den Menschen in die Stille zurückzuziehen.
Die Jünger verstehen seinen Wunsch und achten ihn.
Oft schauen sie ihm aus der Ferne zu. „Wie redet er wohl mit Gott?“, fragen sie sich.
Hat nicht auch Johannes seine Jünger beten gelehrt?
„Herr“, bittet ihn einer, „sag uns doch, wie wir beten sollen.“
„Das soll euer Gebet sein“, sagt Jesus:

„Unser Vater

Vater unser im Himmel,
geheiligt werde dein Name.
Dein Reich komme.
Dein Wille geschehe
wie im Himmel,
so auf Erden.
Unser tägliches Brot gib uns heute.
Und vergib uns unsere Schuld,
wie auch wir vergeben
unseren Schuldigern.
Und führe uns nicht in Versuchung,
sondern erlöse uns von dem Bösen.
Denn dein ist das Reich
und die Kraft
und die Herrlichkeit
in Ewigkeit.
Amen.“

Jesus und die Kinder

„Jesus ist da“, sagt der kleine Samuel, „ich möchte ihn sehen.“
„Ist das ein Gaukler, der Kunststücke vorführt?“, fragt Laban.
„Nein, ich glaube nicht, er predigt ...“
„Dann lass uns lieber weiterspielen!“
Doch Samuel will wissen, wie der Mann aussieht, von dem seine Eltern so oft sprechen.

Auf dem Synagogenplatz ist das halbe Dorf versammelt. Auch Samuels Mutter ist da, das Schwesterchen auf den Armen. Sie möchte, dass Jesus es berührt und segnet.
Jesus sitzt neben dem Brunnen auf der Erde. Jemand reicht ihm einen Becher mit frischem Wasser.
Samuel sieht, wie seine Mutter sich durch die Menge nach vorn drängt. Die Nachbarin, mit zwei Kindern an der Hand, folgt ihr.
„Was willst du?“, fragt einer der Jünger.
„Ich möchte, dass Jesus unsere Kinder segnet.“
„Lasst ihn in Ruhe, er ist müde ...“
„Nein, lasst die Kinder zu mir kommen!“
Jesus steht auf.
Plötzlich drängen sich von allen Seiten Kinder in seine Nähe.
Jesus lacht.
Er hat für jedes ein freundliches Wort.

Er legt ihnen die Hand auf den Kopf. „Seht", sagt er zu den Jüngern, „ihnen gehört der Himmel, das Reich Gottes. Wer nicht vertraut wie ein Kind, wird die Güte Gottes nie erfahren."

Vor dem Einschlafen denkt Samuel über diese Worte nach. Es ist schwer, sie zu verstehen. Aber er vergisst Jesus nicht mehr.

Levi, der Zöllner

„Wie viel?", fragt der Kaufmann.
„Hundert Drachmen!", sagt Levi.
„Das ist zu viel."
Levi schaut ihn spöttisch an.
„Ihr Zöllner seid alle gleich, Diebe und Räuber", sagt der Kaufmann.
Aber er weiß, wenn er seine Waren auf dem Markt verkaufen will, muss er den geforderten Zoll bezahlen oder vor dem Stadttor wieder umkehren.
Levi hat ihm mehr als üblich abverlangt. Die Hälfte wandert in seine eigene Tasche.
Mit Verachtung zählt ihm der Mann das Geld auf den Tisch. Levi erträgt es mit Gelassenheit.
Als Zöllner steht er im Dienst der Besatzungsmacht. Der Kaufmann ist ihm ausgeliefert.

Kurz darauf betritt auch Jesus das Zollhaus.
Levi erkennt ihn.
„Was willst du hier?", fragt er.
„Levi, ich möchte, dass du mit mir kommst."
Macht sich Jesus über ihn lustig?
Levi ist gewohnt, dass ihn seine Landsleute meiden und als Verräter bezeichnen.
Levi zögert.
„Levi, ich möchte, dass du mit mir kommst", sagt Jesus noch einmal.

Die Schriftgelehrten ärgern sich.
Jesus hat sich mit Levi, dem Zöllner, befreundet. Er lässt sich öffentlich mit ihm sehen und in seinem Hause zum Essen einladen.
„Wie könnt ihr mit einem solchen Gesindel am gleichen Tisch sitzen!", sagen sie zu den Jüngern. Jesus nimmt ihnen die Antwort ab.
„Die Ausgestoßenen und Verachteten haben mich nötiger als die, bei denen alles in Ordnung scheint. Nicht die Gesunden, sondern die Kranken brauchen den Arzt."
Die Schriftgelehrten sind verstummt. Dieser Mann aus Nazaret denkt und lehrt anders als sie.

Das Gleichnis vom verlorenen Schaf

Die Anhänger von Jesus und seiner Lehre werden immer zahlreicher. Er

macht keine Unterschiede. Nicht nur Zöllner, auch andere verachtete Menschen werden seine Freunde.
Die Pharisäer und Schriftgelehrten fühlen sich durch Jesus und sein Wirken herausgefordert, in ihrer Macht bedroht. Ist das nicht Gesindel, mit dem er verkehrt?
Aber Jesus sagt:

„Stellt euch vor, einer von euch hat hundert Schafe, und eines davon verirrt sich. Wird er sich nicht sofort aufmachen, um es zu suchen? Wird er es, wenn er es findet, nicht über die Schultern nehmen! Wird er es nicht nach Hause tragen und seinen Nachbarn voller Freude erzählen, dass er das verlorene Schaf wieder gefunden hat! – Genauso freut sich Gott im Himmel über einen verlorenen Menschen, der sich ändert, mehr als über neunundneunzig andere, die ihm keinen Kummer machen."

Verstehen die Pharisäer, was Jesus ihnen mit diesem Gleichnis sagen will?
Es ist ihm wichtig.
Vielleicht kann er es ihnen mit der Geschichte vom verlorenen Sohn noch deutlicher machen.

Das Gleichnis vom verlorenen Sohn

Ein Mann hatte zwei Söhne.
„Ich möchte fort!", sagte der jüngere zu seinem Vater. „Gib mir schon jetzt, was ich einmal erben soll."
Der Vater war traurig.
„Hast du es nicht gut zu Hause?"
Doch der Sohn wurde von Tag zu Tag unzufriedener. Da ließ ihm der Vater seinen Willen, gab ihm das Geld und ließ ihn ziehen.
Er ging in ein anderes Land. Er gab sein Vermögen mit vollen Händen aus und ließ es sich wohl sein, bis er eines Tages nichts mehr hatte als die Kleider am Leibe.
Er suchte Hilfe.
Wo waren nun die vielen Freunde, die er immer zu seinen Festen eingeladen hatte?
Wenn nicht ein Bauer ihn als Schweinehirt in seine Dienste genommen hätte, wäre er umgekommen.
Doch sein Herr gönnte ihm kaum das Futter, das die Schweine bekamen, denn es war eine Hungersnot ausgebrochen.
„Der Geringste unter den Knechten meines Vaters bekommt seinen Lohn und jeden Tag genug Brot zu essen", dachte er. „Ich habe Unrecht getan. Ich will zu ihm zurückkehren und ihn um Verzeihung bitten."

Als er in der Ferne das Haus seines Vaters sah, wurde ihm bang. Er erinnerte sich daran, wie hochmütig er ausgezogen war. Nun kam er als Bettler zurück. Wenn die Not ihn nicht getrieben hätte, wäre er wieder umgekehrt.
Der Vater sah ihn von weitem kommen, erkannte ihn und lief ihm voller Freude entgegen.
„Ach, Vater! Ich bin nicht wert, dein Sohn zu heißen."
Der Vater nahm ihn in die Arme und küsste ihn.
Da fing der Sohn an zu weinen.
„Verzeih mir! – Nimm mich als Tagelöhner in deine Dienste."
Doch der glückliche Vater rief einen seiner Knechte.
„Mein Sohn ist wieder da. Hole ihm das beste Kleid, neue Sandalen und einen goldenen Ring für seinen Finger. Schlachtet das Mastkalb. Wir wollen ein Fest feiern!"

Als der ältere Sohn vom Feld nach Hause kam, hörte er schon von weitem ein frohes Singen.
„Was ist denn los?", wollte er von den Knechten wissen.
„Weißt du es noch nicht", antwortete ihm einer der jungen Knechte, „dein Bruder ist zurückgekommen! Zu seinen Ehren ließ der Vater das Mastkalb schlachten."
„Auf diesem Fest habe ich nichts zu suchen", dachte der Ältere zornig und blieb draußen.
Der Vater entdeckte ihn.
„Willst du nicht mit uns feiern? Freust du dich nicht, dass dein Bruder wieder da ist?"
„Wie sollte ich mich freuen!", fuhr der junge Mann auf. „Wie ein Sklave habe ich für dich gearbeitet. Und was habe ich dafür bekommen? Nicht einmal einen Ziegenbock hast du je für mich schlachten lassen. Auch ich hätte gerne mit meinen Freunden ein Fest gefeiert! Und für den, der dein Geld verprasst hat, für den opferst du das Mastkalb!"
Der Vater ließ ihn zunächst ausreden, doch dann sagte er:
„Sei nicht zornig! Du bist doch immer bei mir, und was mir gehört, gehört auch dir. Wollen wir uns nicht zusammen freuen, dass dein Bruder wieder da ist, denn er war tot, und jetzt lebt er wieder, er war verloren, doch jetzt ist er wieder gefunden. Ist das nicht Grund, ein Fest zu feiern?"

Pharisäer und Zöllner im Tempel

Mehr und mehr spürt Jesus das Misstrauen, mit dem die Pharisäer und Schriftgelehrten ihn beobachten. Einige versuchen, ihm verfängliche Fragen zu stellen.

Jesus fürchtet sie nicht.
Der Mensch ist ihm wichtiger als die Gesetze.
Er erzählt ihnen die folgende Geschichte:

„Ein Pharisäer begegnete im Tempel einem Zöllner. Der Pharisäer stellte sich vorn hin, möglichst weit vom Zöllner entfernt. ‚Gott, ich danke dir', betete er, ‚dass ich nicht schlecht und habgierig bin wie andere Leute, kein Betrüger, wie der Zöllner hinter mir. Du weißt, Gott, dass ich deine Gesetze halte, zwei Tage in der Woche faste und dir den zehnten Teil von meinem Verdienst opfere.'
Der Zöllner getraute sich kaum aufzublicken. Aber auch er betete: ‚Gott, hab Erbarmen mit mir. Ich bin ein Mensch voller Fehler!'"

„Und was soll uns diese Geschichte sagen?", fragen die Pharisäer beleidigt.
Jesus antwortet: „Gott freut sich über das Gebet des Zöllners mehr als über das des Pharisäers. Wer sich selbst rühmt, wird vor Gott klein, wer aber demütig ist, wird groß gemacht."

Jesus und die Frau mit dem schlechten Ruf

Der Unterschied zwischen dem, was die Schriftgelehrten sagen und was Jesus den Menschen erzählt, wird immer größer.
Nicht nur Jesus, sondern auch die Jünger bekommen ihre Feindschaft zu spüren.
„Ist es den Propheten unserer Vorfahren besser ergangen?“, sagt Jesus. „Freut euch, wenn man euch hasst und euch beleidigt, weil ihr an mich glaubt. Gott wird euch dafür belohnen.“

In einer kleinen Stadt ist Jesus von einem Pharisäer namens Simon zum Essen eingeladen.
Er möchte Jesus näher kennen lernen.
Plötzlich steht eine Frau vor Jesus.
Sie weint. Ihre Tränen fallen auf seine Füße.
„Geh weg!“, befiehlt Simon. „Du hast in meinem Hause nichts zu suchen!“
„Lass sie gewähren!“, sagt Jesus.
Sie kniet vor ihm nieder. Sie trocknet seine Füße mit ihrem langen Haar und reibt sie mit kostbarem Öl ein.
„Wenn Jesus wirklich ein Prophet wäre, wüßte er, was das für eine ist“, denkt Simon. „Sie hat einen schlechten Ruf. Kein anständiger Mensch will mit ihr zu tun haben.“
Hat Jesus seine Gedanken erraten?
„Ich will dir etwas sagen, Simon!“
„Sprich!“
„Zwei Männer hatten bei einem Geldverleiher Schulden, der eine fünfhundert, der andere fünfzig Silberstücke. Weil keiner von ihnen zahlen konnte, erließ er beiden die Schuld. Welcher war dem Geldverleiher wohl dankbarer?“
„Sicher der, der ihm mehr geschuldet hat.“
„Siehst du, du hast mir kein Wasser für die Füße gereicht, sie aber hat mir aus großer Dankbarkeit die Füße mit ihren Tränen gewaschen, mit ihrem Haar getrocknet und mit kostbarem Öl eingerieben.“
Dann wendet er sich zu der Frau.
„Geh jetzt nach Hause, du hast Vertrauen zu mir, deine Schuld ist dir vergeben.“
Wie kann Jesus so etwas sagen!
Simon tuschelt mit seinen Freunden:
„Was ist das für ein Mensch, dieser Jesus, dass er sich einbildet, anderen Sünden vergeben zu können!“
Jesus isst ruhig zu Ende.
Dann steht er auf, bedankt sich bei Simon und macht sich mit seinen Jüngern wieder auf den Weg.

Das Gleichnis vom Sämann

Jesus zieht von Ort zu Ort. Oft weiß er am Morgen nicht, wo er am Abend

schlafen wird. Neben seinen zwölf Jüngern begleiten ihn auch Frauen. Es sind Maria aus Magdala, Johanna, die Frau des Chuza, eines Beamten des Herodes, Susanna und andere. Jesus hat ihnen Gutes getan, sie von Schmerzen und Traurigkeit befreit. Nun kümmern sie sich voller Dankbarkeit um sein Wohlergehen.
Mit den Jüngern verbindet sie die Liebe zu Jesus, der Glaube an seine Worte.
Diese Worte sind nicht immer leicht zu verstehen, besonders wenn er in Gleichnissen redet.
Auf einem Markt, vor einer großen Menschenmenge, erzählt Jesus das Beispiel vom Sämann:

„Ein Bauer ging aufs Feld, um zu säen.
Von den ausgestreuten Körnern fielen einige auf den Weg.
Sie wurden zertreten und von den Vögeln aufgepickt.
Einige fielen auf felsigen Grund.
Sie vertrockneten.
Einige fielen ins Dornengestrüpp.
Sie erstickten.
Einige aber fielen auf guten Boden.
Sie gingen auf und trugen hundertfältig Frucht."

Jesus überlässt es jedem Einzelnen, das Gleichnis zu deuten.
„Wer Ohren hat zu hören, der höre!", sagt er. Nachdenklich gehen die Zuhörer auseinander.
„Dieses Gleichnis ist wie eine reife Nuss", sagt einer, „aber aufknacken muss ich es mir selbst."
Vielen wird sein Sinn erst später aufgehen, bei der Arbeit auf dem Feld, in der Werkstatt, bei einem Gang durch die Felder, beim Anblick einer Blume.

Am Abend ist Jesus mit den Frauen und den Jüngern wieder allein.
Sie bedrängen ihn, das Gleichnis vom Sämann zu erklären.
„Habt ihr es nicht verstanden?", fragt er leise. „Die Samenkörner sind das Wort Gottes!"
Die Jünger greifen sich an den Kopf.
Die Samenkörner sind das Wort Gottes!
Warum sind sie nicht selbst darauf gekommen?
Nun ist es einfach, die Geschichte zu verstehen:
Es gibt Menschen, die das Wort Gottes zwar hören, aber nicht glauben. Sie lassen es zerstören.
Es gibt Menschen, die sich nach dem Wort Gottes sehnen, aber es fehlt ihnen Kraft und Ausdauer, es zu bewahren und lange daran zu glauben. Sie lassen es vertrocknen.
Es gibt Menschen, die das Wort Gottes verstehen, aber die Gier nach Macht und Geld ist stärker. Sie lassen es ersticken.

Aber es gibt auch Menschen, die das Wort Gottes nicht nur verstehen, sondern es auch annehmen und ihm die Treue halten. Sie lassen es geduldig reifen und hundertfältig Frucht tragen.
Jesus lächelt. Er sagt:
„Viele Menschen sehen die Dinge, ohne sie zu erkennen. Viele hören Worte, ohne sie zu begreifen. Für euch aber sollten meine Worte kein Geheimnis bleiben."

Speisung der Fünftausend

„Bald ist es Zeit", sagt Jesus zu den Jüngern, „bald werdet ihr allein sein."
„Meister, was willst du damit sagen?"
Jesus schaut in ihre erschrockenen Gesichter.
Werden sie ohne seine Gegenwart stark genug sein?
Werden sie seiner Botschaft treu bleiben?
„Geht zu den Fischern ans Meer, zu den Hirten auf der Weide, zu den Menschen auf den Märkten und in den Dörfern. Bringt ihnen meine Botschaft! Ich will euch die Kraft geben, die Verzweifelten zu trösten und die Kranken gesund zu machen."
Will Jesus sie mit diesem Auftrag prüfen? Die Trennung von Jesus, auch wenn sie nur wenige Wochen dauert, fällt den Jüngern schwer.
„Nehmt nichts mit euch", sagt Jesus, „keinen Wanderstock, keine Tasche, kein Brot, kein Geld, auch nicht zwei Röcke. Gott wird euch schenken, was ihr braucht."
Zu zweien machen sich die Jünger auf und wandern davon.
Wo immer sich ein paar Menschen um sie sammeln, fangen sie an zu predigen.
Tausende hören die Botschaft zum ersten Mal.
Auch Herodes.
Nicht nur seine Soldaten, sondern auch seine Offiziere sprechen davon.
Der König ist bestürzt. Er wittert Gefahr.
Hat er nicht Johannes den Täufer hinrichten lassen, um den gefürchteten Aufstand gegen die römischen Machthaber im Keim zu ersticken?
Es ist ihm nicht gelungen.
Einige Leute glauben, Johannes sei wieder lebendig geworden. Andere sagen, Elija, der Prophet, sei wiedergekommen.
Es sind Gerüchte. Aber wer steckt dahinter?
Wer ist dieser Jesus, von dem so viele erzählen?
Herodes möchte ihn sehen.
Der Gedanke an diesen Mann raubt ihm den Schlaf.

In der Stadt Betsaida treffen die Jünger wieder mit Jesus zusammen. Sie haben viel zu erzählen. Sie freuen sich über ihre Erfolge.

Jesus möchte mit seinen Jüngern einige Tage allein sein, möchte mit ihnen über ihre Erfahrungen sprechen.

In der Nähe der Stadt kennt er einen einsamen Ort am Rande der Wüste.

Aber es gelingt ihm nicht, den Menschen auszuweichen.

Der Zug, der ihm folgt, wird immer größer.

„Sprich zu uns!“, bitten sie.

Die Jünger ärgern sich.

„Schicke sie fort!“, sagen sie.

„Wie könnte ich jemanden, der mir nachfolgt, fortschicken!“, sagt Jesus.

„Aber es sind tausende“, sagen die Jünger.

„Und wenn auch! Ich darf sie nicht enttäuschen!“

Und wieder spricht Jesus zu ihnen, wieder nimmt er sich Zeit für die Kranken, heilt sie, macht mit seinen Worten alle glücklich.

Darüber ist es Nacht geworden.

Die Jünger drängen Jesus noch einmal, die Menschen wegzuschicken.

„Schicke sie in die Dörfer und Höfe zurück. Dort werden sie einen Unterschlupf für die Nacht finden und auch etwas zu essen bekommen!“

Aber niemand zeigt Lust aufzubrechen.

„Gebt doch ihr ihnen zu essen!“, sagt Jesus zu den Jüngern.
Macht er sich lustig über sie?
„Wie sollen wir mit fünf Broten und zwei Fischen fünftausend Menschen nähren können?“
„Lasst sie in Gruppen zu fünfzig hinsetzen!“, befiehlt Jesus.
Die Jünger gehorchen.
Es ist still geworden.
Jesus sieht die vielen ihm zugewendeten Gesichter.
Sie sind voller Erwartung.
Die Jünger fürchten, Jesus würde sich lächerlich machen.
Er nimmt die fünf Brote und die beiden Fische.
Er blickt zum Himmel auf und dankt Gott dafür.
Dann bricht er die Brote und teilt die Fische. Die Jünger reichen die Stücke weiter.
Es will kein Ende nehmen.
Es ist keiner, der leer ausgeht. Keiner, der sich hungrig zur Ruhe legt.
Mit dem, was übrig bleibt, füllen die Jünger noch zwölf Körbe voll.
Sie werden diesen Tag nie vergessen.

Das Gleichnis von der Einladung zum Gastmahl

Den Pharisäern und Schriftgelehrten wird immer deutlicher, dass sich Jesus mit seinen Taten und Gleichnissen für die Menschen einsetzt, die es schwer haben.
Am Tisch eines wohlhabenden Pharisäers erzählt er das Gleichnis von der Einladung zum Gastmahl:

„Ein Mann lud seine Freunde zu einem Festessen ein. Als das Mahl bereitet war, ließ er seinen Gästen ausrichten: ‚Kommt, das Essen wartet auf euch!‘
Aber einer nach dem anderen hatte eine Ausrede.
‚Ich habe eben einen Acker gekauft‘, sagte der Erste. ‚Ich muss ihn unbedingt besichtigen. Entschuldige mich bei deinem Herrn.‘
Ein anderer meinte:
‚Ich habe fünf Gespanne Rinder bekommen. Ich will sie ausprobieren.‘
Und noch ein anderer entschuldigte sich:
‚Ich habe eben geheiratet. Sicher versteht dein Herr, dass ich darum nicht kommen kann.‘
Der Diener richtete seinem Herrn aus, was die Eingeladenen alles gesagt hatten.
Da wurde er zornig.
‚Gut‘, sagte er, ‚dann geh durch die Straßen und Gassen und lade alle Armen ein, die Krüppel, die Blinden und Lahmen. Sie sollen meine Gäste sein.‘
Der Diener tat, was sein Herr ihm befohlen hatte. Nach einer Weile kam er zurück und meldete:
‚Die Armen, die Krüppel, die Blinden

und die Lahmen sitzen an deinen Tischen, aber es ist immer noch Platz.‘
‚Dann geh vor die Stadt hinaus und hole alle Leute her, die du triffst. Ich will, dass mein Haus voll wird. Nur für die geladenen Gäste wird kein Platz mehr frei sein.‘“

Jesus und der Sabbat

Es ist Sabbat.
Jesus geht mit seinen Jüngern durch die Felder. Das Korn reicht ihnen bis zu den Hüften. Es ist reif.
Andreas, Johannes und Petrus brechen ein paar Ähren, lösen die Körner aus den Schalen und essen sie.
„Was tut ihr da?“, fragen einige Pharisäer, die eben des Weges kommen.
„Ihr seht es“, sagt Petrus.
„Wisst ihr denn nicht, dass es uns nach dem Gesetz verboten ist, am Sabbat zu arbeiten?“
Ist Ährenbrechen eine Arbeit?
Daran haben die hungrigen Jünger nicht gedacht.
Aber Jesus wehrt sich für sie.
„Ihr kennt die Geschichte Davids“, sagt er zu den Pharisäern, „erinnert ihr euch nicht, was er tat, als er hungrig war? Er ging in den Tempel, nahm das Opferbrot und teilte es mit seinen Freunden.“
„Vergleichst du dich mit König David?“
„Der Menschensohn hat das Recht zu bestimmen, was am Sabbat geschehen darf!“
Die Pharisäer sind empört.
Meint Jesus sich selbst?
Sie erinnern sich an eines der Gedichte des Propheten Daniel: Einer, wie eines Menschen Sohn, wird von Gott die Macht über die Völker erhalten.

Jesus heilt einen Blinden

Jesus und seine Jünger sind auf dem Weg nach Jerusalem.
Das Passafest naht.
Es darf nur in Jerusalem gefeiert werden.
Unterwegs begegnen sie vielen Pilgern. Sie kommen aus ganz Palästina, aber auch aus anderen Ländern, reden in verschiedenen Sprachen.
Viele schließen sich Jesus an.
Der Weg führt durch Jericho.
Vor der Stadt sitzt ein Blinder am Wegrand. Er bettelt. Die vielen Pilger haben eine offene Hand.
Plötzlich spürt er, dass etwas Besonderes im Gange ist. Der Zug kommt ins Stocken. Einige Pilger treten zur Seite.
„Was ist los?“, fragt der Blinde.
„Jesus von Nazaret kommt!“
Der Blinde hat von ihm gehört. Wenn er ihn wenigstens berühren, seine Stimme hören könnte!

Hoffnung erfüllt ihn.
„Jesus!“, ruft er plötzlich. „Geh nicht an mir vorbei. Hilf mir!“
Jemand weist ihn zurecht.
„Schweig! Lass Jesus mit deinen Klagen in Ruhe.“
Doch der Blinde kümmert sich nicht darum.
„Jesus, hilf mir!“, ruft er noch einmal.
„Bringt ihn zu mir!“, sagt Jesus zu seinen Begleitern.
Er bleibt stehen, von vielen Leuten umringt.
„Was möchtest du denn, das ich für dich tue?“, fragt er den Blinden.
„Ich möchte sehen können!“
Es ist still geworden.
„Du sollst sehen!“, sagt Jesus. „Dein Glaube hat dir geholfen.“
„Gelobt sei Gott!“
Der Ruf des Geheilten steigt über die Menge zum Himmel hinauf.
„Ich kann sehen!“, schreit er immer wieder.
Jesus geht weiter.
Der Mann nimmt sein Bündel und folgt ihm.

Einzug in Jerusalem

Zwischen den Dörfern Betfage und Betanien am Ölberg setzt sich Jesus in den Schatten eines Olivenbaums.
Er ist stundenlang gewandert, hat immer wieder versucht, auf die vielen Fragen seiner Begleiter Antwort zu geben.
Vor ihm liegt Jerusalem.
Am Rande der Stadt steht der von einer hohen Mauer umgebene Tempelbezirk, darüber die von Herodes erbaute Burg Antonia. Sie ist von römischen Soldaten besetzt.
Im Licht der untergehenden Sonne erstrahlt der Tempel in Weiß und Gold.
Jesus fühlt Bangigkeit in sich aufsteigen.
Bald wird der Weg auf dieser Erde für ihn zu Ende sein. Doch der schwerste Teil liegt noch vor ihm.
„Geht in das Dorf da vorn“, bittet er zwei seiner Jünger. „Ihr werdet einen Esel finden, der dort angebunden ist. Bringt ihn mir!“
Sie zögern.
„Was sollen wir sagen, wenn uns sein Besitzer daran hindern will?“
„Sagt ihm: Der Herr braucht ihn.“
Am Eingang des Dorfes finden die Jünger den Esel, wie Jesus es ihnen gesagt hat.
„Was fällt euch ein?“, schreit der Besitzer die beiden an.
„Der Herr braucht ihn!“
„Welcher Herr?“
„Jesus!“
Ohne weitere Fragen lässt er die Jünger mit dem Tier ziehen. Bartolomäus legt seinen wollenen Mantel auf den Rücken des Tieres.
Er hilft Jesus aufsteigen.

Die Schar der Anhänger bricht in Jubel aus.

„Heil dem König!
Heil dem König,
der im Auftrag Gottes
zu uns kommt!"

Einige breiten vor Begeisterung ihre Kleider wie Teppiche auf der Straße aus. Ja, wie ein König soll Jesus in Jerusalem einziehen.

„Heil dem König,
der im Auftrag Gottes kommt!
Friede im Himmel!
Gott gehört die Ehre!"

„Wie kannst du dich König nennen lassen!", entrüsten sich die Pharisäer unter den Zuschauern. „Bring sie zur Vernunft! Sie sollen schweigen!"
„Wenn sie schweigen, werden die Steine rufen", sagt Jesus leise.
Von neuem bricht der Jubel aus.

„Heil dem König!"

Jesus aber ist traurig.
Vor den Toren Jerusalems weint er.

Das Passamahl

Auf dem großen Tempelplatz drängen sich tausende von Menschen. Viele haben eine lange und beschwerliche Reise hinter sich.
Aber sie sind glücklich, in Jerusalem zu sein, feiern Wiedersehen mit Freunden und Verwandten. Viele haben jahrelang für diese Reise gespart. Sie sehen den Tempel zum ersten Mal. Seine Tore sind mit reinem Gold beschlagen. Man braucht zwanzig Männer, um sie zu öffnen.
Auf dem Vorplatz unter den Säulenhallen bieten die Händler den Pilgern ihre Waren an.
Die Hirten der Gegend haben Lämmer und junge Ziegenböcke in die Stadt gebracht. Auf dem Tempelplatz werden sie verkauft und auch gleich geschlachtet.
Das Passafest erinnert das Volk an den Auszug aus Ägypten. Die Eltern erzählen ihren Kindern von Mose, von der langen Wanderschaft durch die Wüste und dem Einzug ins Gelobte Land.

Auch Jesus isst mit seinen Jüngern das Passalamm.
Er spricht das Dankgebet. Er nimmt ein Brot und bricht es.
Jedem Jünger reicht er ein Stück.
„Das ist mein Leib, der für euch hingegeben wird", sagt er.
Was meint er damit? Er ist doch mitten unter ihnen. Sie trinken Wein und sind guter Dinge.
Doch nach dem Essen reicht er ihnen

auch seinen Becher. Jeder soll einen Schluck daraus trinken.
„Das ist mein Blut, das für euch vergossen wird“, sagt er. „Einer von euch wird mich verraten, einer, der hier mit mir am Tische sitzt.“
„Meister, wie kannst du so etwas denken!“
Entsetzt und zugleich voller Misstrauen schauen sie sich gegenseitig an. Gibt es wirklich einen unter ihnen, der Jesus verraten würde?

Im Garten Getsemani

Nach dem Passamahl macht sich Jesus mit den Jüngern auf zum Ölberg.
Jerusalem liegt im Schatten.
Die Nacht bricht an. Jesus ist schweigsam, mit seinen eigenen Gedanken beschäftigt.
„Einer von euch wird mich verraten, einer, der hier mit mir am Tische sitzt.“
Immer wieder muss Petrus an diese Worte denken. Er weiß nicht warum, aber sie erfüllen ihn mit Zorn und Empörung.
Jesus hat seine Gedanken erraten.
„Gib Acht!“, sagt er. „In den nächsten Stunden wirst du dich bewähren müssen. Ich habe für dich gebetet, dass du nicht aufhörst, an mich zu glauben.“
Wie kann Jesus an ihm zweifeln!
„Herr, ich würde mit dir ins Gefängnis gehen, sogar mit dir sterben!“
„Petrus, noch ehe morgen früh der Hahn kräht, wirst du mich dreimal verleugnen.“
Nicht nur Petrus, auch die anderen Jünger verstehen nicht, warum Jesus so mit ihnen redet.
Haben sie ihm ihre Treue nicht immer wieder bewiesen? Beinahe drei Jahre lang sind sie mit ihm unterwegs. Haben sie seinetwegen nicht alles im Stich gelassen, ihre Arbeit, ihr Zuhause, ihre Familien!
In Getsemani, einem Olivenhain über dem Kedrontal, bleibt Jesus stehen.
„Wartet hier auf mich!“, sagt er. „Betet, dass ihr die kommende Prüfung besteht!“
Was für eine Prüfung?
Jesus entfernt sich.
Verwirrt schauen ihm die Jünger nach.
Jesus ist allein.
Er kniet nieder.
Ist für Gott nicht alles möglich? Kann er ihm diesen Tod nicht ersparen?
Jesus versucht zu beten.
„Vater, wenn du willst, erspare mir das Leiden. Aber dein Wille geschehe, nicht meiner.“
Auf seiner Stirn steht der Schweiß.

Er geht zu den Jüngern zurück.
Er braucht ihre Nähe.
Aber sie sind vor Müdigkeit und Kummer eingeschlafen.

Jesus weckt sie.
„Habe ich euch nicht gesagt: Betet, dass ihr die kommende Prüfung besteht."
Schlaftrunken starren sie ihn an.
Sie erkennen ihn kaum wieder.
Auf seinem Gesicht steht die Todesangst.

Die Gefangennahme

Noch während Jesus mit den Jüngern redet, kommt ihm eine Schar Männer entgegen.
Er erkennt unter ihnen Priester, Offiziere der Tempelwache und die Ältesten des Rates. Ihre Knechte sind mit Schwertern und Knüppeln bewaffnet.
Allen voran geht Judas.
Er hat sich nach dem Passamahl in Jerusalem von den anderen getrennt.
Nun stellt er sich zu Jesus und gibt ihm den Begrüßungskuss.
Jesus wehrt ihn ab.
„Judas, mit einem Kuss willst du mich verraten!"
„Der ist es also!", lacht einer der bewaffneten Männer.
„Führt ihn ab!", befiehlt der Älteste des Rats.
Die Jünger sind wie gelähmt.
Jesus soll gefangen genommen werden.
Das darf nicht sein!
Petrus fasst sich zuerst.
„Sollen wir für dich kämpfen?", fragt er.
Doch Jesus schüttelt den Kopf.
„Lasst sie!"
Aber schon hat einer das Schwert erhoben. Sein Schlag verletzt den Knecht des Obersten Priesters am Ohr. Der Mann schreit auf.
„Lasst sie!", sagt Jesus noch einmal.
Er geht auf den Mann zu, berührt die verwundete Stelle und heilt sie.
„Tag für Tag war ich im Tempel, und ihr habt euch nicht getraut, mich festzunehmen. Und nun rückt ihr mit Schwertern und Knüppeln an. Bin ich denn ein Verbrecher?"
Er bekommt keine Antwort.
„Los! Beeilt euch! Führt ihn ab!", schreit einer der Offiziere.
Verwirrt und von Angst gepackt, laufen die Jünger in alle Richtungen davon.

Petrus verleugnet Jesus

Petrus folgt dem Zug.
Erinnert er sich an seine Beteuerungen, mit Jesus ins Gefängnis zu gehen, mit ihm zu sterben?
Die Knechte haben Jesus in ihre Mitte genommen.
Sie lachen und johlen.
Einer der Priester befiehlt ihnen, ruhig zu sein.
Er fürchtet, die Gefangennahme Jesu

könnte in der Stadt unnötiges Aufsehen erregen.
Die engen Gassen Jerusalems sind leer und verlassen.
Die Menschen sind zur Ruhe gegangen.
Nur im Palast des Obersten Priesters Kajafas brennt noch Licht.
Zusammen mit anderen führenden Priestern und den Ältesten des Volkes bereitet er die Anklage vor.

Immer noch von Knechten bewacht, wartet Jesus im Hof auf das Verhör.
Einige Mägde fachen ein Feuer an.
Die Nacht ist kühl.
Petrus steht unter dem Hoftor.
Er fröstelt.
Er schleicht sich in die Nähe des Feuers, das Gesicht im Schatten.
Aber plötzlich zeigt eine Magd mit dem Finger auf ihn.
„Der war auch mit Jesus zusammen!"
Petrus erschrickt.
„Ich weiß nicht, wovon du redest."
Aber auch einer der Knechte erkennt ihn wieder.
„Sie hat Recht, er gehört auch zu denen!"
Petrus widerspricht zum zweiten Mal.
„Du verwechselst mich. Ich habe überhaupt nichts mit ihm zu tun."
Doch nun lassen sie ihm keine Ruhe mehr.
„Du bist ein Galiläer! Deine Sprache verrät dich."
„Ich weiß nicht, wovon ihr redet!"
In diesem Augenblick kräht der Hahn.
Aus der Dunkelheit spürt Petrus den Blick Jesu auf sich gerichtet.
„Noch bevor morgen früh der Hahn kräht, wirst du mich dreimal verleugnen."
Petrus flieht aus der Stadt.
Verzweifelt über seine Schwachheit, weint er.

Jesus wird verspottet

Was für ein seltsamer Gefangener!
Die Knechte sind müde und ihrer Aufgabe überdrüssig.
Jesus macht auch keinen Versuch zu fliehen.
Er steht da und lässt alles mit sich geschehen.
Was geht wohl in ihm vor?
Sein Schweigen reizt die Männer.
Einer bindet ihm die Augen zu.
Ein anderer schlägt ihn.
„Sag! Wer war es? Du bist doch ein Prophet!"
So vertreiben sich die Wachen ihre Langeweile.
Jesus erträgt die Schmähungen, ohne sich zu wehren.

Endlich wird Jesus vor seine Ankläger geführt.
Kajafas stellt ihm ausgeklügelte Fragen.

„Bist du Christus, der versprochene Retter?“

„Wenn ich es sage, so glaubt ihr mir nicht“, antwortet Jesus, „und wenn ich euch etwas frage, so gebt ihr mir keine Antwort. Ihr denkt auch nicht daran, mich freizulassen.“

Jesus hat seine Richter durchschaut.

„Von jetzt an wird der Menschensohn an der rechten Seite des allmächtigen Gottes sitzen“, sagt er.

Es ist, als ob sie nur auf diese Worte gewartet hätten.

„Du bist also der Sohn Gottes?“

„Ihr sagt es!“

Ein empörtes Murmeln geht durch die Reihen der Männer. Er hat den Sabbat entheiligt, hat sich mit Gesindel und Feinden des Volkes abgegeben und die Schriftgelehrten mit seinen Worten beleidigt.

Er hat nicht nur die alten Gesetze missachtet, sondern nun auch noch behauptet, Gottes Sohn zu sein.

Sie beschließen, Jesus dem römischen Statthalter Pontius Pilatus auszuliefern.

Er soll das Urteil sprechen.

Jesus vor Pilatus

Pontius Pilatus ist froh, wenn die jüdischen Festtage in Jerusalem wieder vorbei sind. Sie zwingen ihn, in Jerusalem zu sein. Er zieht es vor, in der modernen, im römischen Stil erbauten Hafenstadt Cäsarea zu wohnen.

Jerusalems Gassen sind eng und bedrückend.

Pilatus residiert mit seinem Gefolge im ehemaligen, von Herodes erbauten Königspalast.

Mit den jüdischen Räten erledigt er Verwaltungsgeschäfte, setzt die Höhe der Steuern fest, erwägt die Pläne für eine neue Wasserleitung.

Als Statthalter ist es wichtig, sich während der Feiertage den vielen Menschen zu zeigen, sie die Macht des Römischen Reiches spüren zu lassen.

Die Kunde, dass Pilatus über Jesus richten wird, hat sich wie ein Lauffeuer verbreitet.

Der Platz vor dem Königspalast vermag die Neugierigen kaum zu fassen.

Vor dem erhöhten Richterstuhl stehen die Kläger, die Schriftgelehrten, Pharisäer und Ältesten. Jesus steht auf dem Podium neben dem Richterstuhl, der Menge zugewandt.

„Was habt ihr gegen ihn vorzubringen?“, fragt Pilatus.

Die beiden führenden Priester, Hannas und sein Schwiegersohn Kajafas, ergreifen das Wort.

„Er hetzt das Volk gegen die römische Besatzungsmacht auf.“

Die Kläger wissen, dass Pilatus jeden Rebellen erbarmungslos zum Tode verurteilt.

„Er sagt den Leuten, sie sollen keine Steuern mehr bezahlen. Er möchte sich zum König der Juden machen."
„Bist du es?", fragt Pilatus. „Bist du der Befreier des jüdischen Volkes?"
„Ja!", antwortet Jesus.
Hannas und Kajafas atmen erleichtert auf. Jesus hat damit sein Todesurteil gesprochen.
Aber warum zögert der Statthalter noch?
Pilatus ist bekannt dafür, dass er gegen Aufständische schnell und unerbittlich handelt.
Es kommt nicht oft vor, dass Rebellen von eigenen Volksgenossen verraten werden. Spürt er, dass den Anklägern an einem Todesurteil mehr liegt als ihm selbst? Will er sie ärgern? Oder berührt ihn das Gesicht des Mannes, der sich nicht verteidigt, nicht um Gnade fleht?
Hannas und Kajafas drängen.
„Von Galiläa bis nach Jerusalem hat er das Volk mit seinen Reden aufgehetzt!"
„Bist du aus Galiläa?", fragt Pilatus.
„Ja!"
„Dann bringt ihn zu Herodes Antipas, er gehört in seine Obrigkeit."
Die Ankläger sind enttäuscht.
Von Soldaten wird Jesus abgeführt.

Jesus vor Herodes

Aus Galiläa ist auch Herodes Antipas zum Fest nach Jerusalem gekommen. Wie Pontius Pilatus wohnt auch er im Königspalast.
Als Sohn Herodes' des Großen haben ihm die Römer die Verwaltung Galiläas überlassen.
Er ist auf die römische Gunst angewiesen.
Der König hat von Jesus und seinen Wundertaten gehört, doch die beiden sind sich noch nie begegnet.
Zum zweiten Mal bringen die Schriftgelehrten ihre Beschuldigungen vor.
Jesus gibt auf die Frage des Königs keine Antwort.
Der König hat gehofft, Jesus wäre ein Zauberer.
Er ist enttäuscht.
„Und du willst König der Juden sein!“, spottet er.
Einer der Soldaten spuckt Jesus ins Gesicht. Ein anderer schlägt ihn.
Sie knien vor ihm nieder.
„Hoch lebe unser König ...“, höhnen sie.
Weder Herodes noch die Priester verbieten es ihnen.
Sie legen ihm ein Prunkgewand um die Schultern. Sie drücken ihm eine Krone aus stacheligen Akanthuszweigen aufs Haupt.
Jesus schweigt.
Das Blut rinnt über seine Stirn.
So sendet ihn Herodes zu Pilatus zurück.

Das Todesurteil

Noch immer drängt sich das Volk um den Richterstuhl.
„Ihr habt mir diesen Mann gebracht“, sagt Pilatus, „ihr behauptet, er hetze die Leute auf. Wo sind die Beweise? Auch Herodes hat ihn verhört und keine Schuld bei ihm gefunden. Ich will ihn auspeitschen und dann laufen lassen.“
Unter den Zuschauern sind auch Anhänger von Jesus.
Die Worte des Statthalters geben ihnen neue Hoffnung.
Aber die Leute sind unzufrieden.
Seit Stunden stehen sie herum. Nun brauchen sie ein Schauspiel.
„Ans Kreuz mit ihm!“
Wer hat diese Worte zuerst gerufen?
Plötzlich tönt es wie aus einem Munde:
„Ans Kreuz mit ihm! Ans Kreuz mit ihm!“
Der Widerstand gegen sein Urteil reizt Pilatus.
Es ist Brauch, am Passafest einen Gefangenen freizulassen.
Warum soll er ihnen nicht Jesus anbieten?
„Nein! Gib uns Barrabas!“
Pilatus versucht es noch einmal.

„Was hat Jesus denn verbrochen?"
Aber die Menge beginnt zu toben.
„Gib uns Barrabas! Gib uns Barrabas!"
„Barrabas sitzt wegen eines Mordes im Gefängnis", versucht Pilatus einzuwenden. „Jesus hat nichts getan, worauf die Todesstrafe steht."
Doch seine Worte gehen unter im Geschrei.
„Ans Kreuz mit ihm! Ans Kreuz mit ihm!"
Pilatus sieht ein, dass es keinen Sinn mehr hat, dem aufgebrachten Volk zu widersprechen. Es liegt ihm nichts an Jesus. Er ist einer der Ihren.
„Du hörst es, das Volk ist mit uns einig", sagt Hannas.
„Gut, es soll seinen Willen haben!"

Jesus am Kreuz

Jesus wird zur Stadt hinausgeführt.
Unter der grölenden Menge sind auch seine Anhänger und Freunde.
Niemand beachtet sie.
Die Frauen weinen.
Sie versuchen, in Jesu Nähe zu gelangen.
Aber er ist von Soldaten umgeben.
Unter der Last des schweren Holzkreuzes bricht er beinahe zusammen.
Über seine Stirn rinnt der Schweiß, vermischt mit Blut.
Am Wegrand steht Simon aus Zyrene, ein Bauer, der von seinen Feldern in die Stadt zurückkehrt.
Einer der Offiziere ruft ihn und befiehlt ihm, das Kreuz des Verurteilten zu tragen.
Widerwillig nimmt er die Last auf sich.
Jesus dankt ihm.
Wird die Last nicht plötzlich leichter?
Auf Golgota, der Schädelstätte, hält der Zug an.
Jesus wird entkleidet und von seinen Henkern ans Kreuz genagelt. Die Kleider dürfen sie behalten. Sie würfeln darum. Mit Jesus werden auch zwei Straßenräuber hingerichtet.
Die aufgerichteten Kreuze stehen auf einem kleinen Hügel. Links und rechts die Verbrecher, Jesus in der Mitte.
Einer der Kriegsknechte reicht Jesus einen Schwamm mit Essig.
Lebt er noch?
Die Soldaten spotten:
„Wenn du der König der Juden bist, so hilf dir selbst!"
Über seinem Kopf haben sie eine Inschrift angebracht:
„Dies ist der König der Juden."
Nur der Hauptmann ist bewegt. Der Todeskampf des Mannes am Kreuz stimmt ihn nachdenklich.
Er spürt, dass hier ein Unschuldiger gerichtet wurde.
„Dieser Mensch war wirklich ein Gerechter", sagt er leise.

Die Zuschauer verlaufen sich.
Nun werden sie ihr Osterlamm essen und das Passafest feiern.
Auch die Anhänger von Jesus kehren in die Stadt zurück.
Jesus ist tot.
Sind alle ihre Hoffnungen zerstört?

Drei Tage danach

Drei Tage nach Jesu Begräbnis wandern zwei seiner Freunde von Jerusalem nach Emmaus.
Es ist später Nachmittag.
Beide sind noch immer bewegt von dem, was sie in den letzten Tagen in Jerusalem erlebt haben.
Stimmt es, was Maria aus Magdala, Johanna und Maria, die Mutter des Jakobus, den Jüngern erzählt haben?
Sie fanden Jesu Grab leer. Da erschienen ihnen zwei Engel und sagten: „Was sucht ihr den Lebenden bei den Toten? Er ist auferstanden!"
Kleopas zweifelt.
Sicher hat jemand den Leichnam gestohlen.
„Warum hat er sich nicht gewehrt, als die Soldaten ihn gefangen nahmen?", fragt Kleopas seinen Gefährten. „Warum schwieg er zu den Anklagen vor Pontius Pilatus?"
In diesem Augenblick tritt ein Mann aus einem Seitenweg.
„Darf ich mit euch gehen?"
Kleopas nickt.
„Worüber redet ihr denn?", fragt der Fremde.
„Worüber wir reden! Weißt du nicht, was in Jerusalem geschehen ist? Jesus von Nazaret ist zum Tode verurteilt und ans Kreuz genagelt worden."
„Und jetzt?"
„Seine Feinde triumphieren. In Israel wird alles beim Alten bleiben."
„Glaubt ihr nicht, was die Frauen den Jüngern erzählt haben?"
„Niemand hat Jesus gesehen!", sagt Kleopas.
„Seid ihr denn blind! Fällt es euch so schwer zu glauben, was die Propheten vorausgesagt haben?"
Kleopas und sein Gefährte schweigen.
Wer ist dieser Mann? In der Nähe von Emmaus will er sich von ihnen verabschieden.
„Es ist Abend", sagt der Gefährte von Kleopas, „gleich wird es dunkel werden. Bleib bei uns!"
„Wenn ihr wollt!", antwortet der Fremde.

Zusammen nehmen sie das Abendessen ein.
Plötzlich nimmt der Fremde ein Stück Brot in die Hand. Er dankt Gott dafür. Dann bricht er es in zwei Stücke.
Das eine reicht er Kleopas, das andere seinem Gefährten.
Endlich gehen ihnen die Augen auf.
„Jesus!", ruft Kleopas.

Doch wo ist er?
Sie laufen in die Nacht hinaus.
Haben sie geträumt?
Jesus ist verschwunden.
Am Himmel leuchten die Sterne, und sie hören die Stille.

Erfüllt von dem, was sie erlebt haben, kehren sie noch in der gleichen Nacht nach Jerusalem zurück.
Im Haus, in dem die Jünger und Anhänger von Jesus versammelt sind, brennt Licht.
„Er lebt!", ruft Kleopas schon unter der Tür. „Wir haben ihn gesehen!"
„Ja, Jesus ist wirklich auferstanden", sagen die Jünger.
Auch Simon, einer von ihnen, hatte Jesus am gleichen Tag gesehen und erkannt.

Pfingsten

„Jesus wird in kurzer Zeit vergessen sein", denken seine Feinde.
Für sie ist Jesus tot.
Aber in seinen Jüngern und Anhängern lebt er weiter.
Sie versammeln sich in seinem Namen, in Jerusalem, in Tiberias, in Kafarnaum, in Nazaret, in Jericho … Sie erinnern sich an seine Taten, wiederholen sich seine Worte und Gleichnisse.
Auch Menschen, die Jesus nie gekannt haben, glauben daran.

Fünfzig Tage sind seit dem Passafest vergangen.
Im Tempel von Jerusalem wird das Pfingstfest gefeiert. Die Ernte, die mit dem Passafest begonnen hat, ist zu Ende. Wieder ist in der Hauptstadt jeder leere Raum mit Pilgern besetzt.
Auch die Jünger sind zusammengekommen.
Im Haus eines Freundes haben sie sich versammelt.
Nur Jesus fehlt.
Sie erinnern sich an das letzte gemeinsame Mahl vor dem Passafest.
Doch was ist das! Ein seltsames Rauschen erfüllt den Raum.
Vor dem Haus laufen Menschen zusammen, drängen sich durch Türen und Fenster.
Auch sie haben das Rauschen gehört. Eine große Erregung bemächtigt sich der Jünger. Wie Feuer kommt es über sie.
Wie Feuerzungen sieht Petrus es über den Köpfen seiner Freunde schweben. Er ist der Erste, der zu sprechen beginnt.
„Hört zu! Jesus ist im Auftrag Gottes zu uns gekommen. Durch ihn hat Gott Zeichen und Wunder geschehen lassen. Er hat ihn vom Tode erweckt. Wir können es alle bezeugen. Gott hat ihn an seine Seite geholt und uns seinen Heiligen Geist geschenkt. Was ihr hier seht und hört, sind die Wirkungen dieses Geistes. Daran sollen alle Menschen erkennen, dass Gott Jesus zum Herrn und Retter gemacht hat."
Erfüllt vom Heiligen Geist, fangen auch die anderen Jünger zu sprechen an.
Unter den Zuhörern sind Leute aus Jerusalem, Pilger aus Ägypten und Libyen, Meder, Kreter und Araber. Doch sie verstehen jedes Wort, das aus den Jüngern spricht.
Nur ein paar Zweifler beginnen zu lachen.
„Ach, seht, sie sind betrunken", spotten sie und machen sich davon.
Viele aber bleiben und hören den Aposteln staunend und ergriffen zu.

Jesus lebt

In seinen Jüngern lebte Jesus weiter. Er schenkte ihnen Kraft, seine Botschaft in die ganze Welt hinauszutragen.
Die Jünger hießen Simon Petrus und dessen Bruder Andreas; Jakobus und Johannes; Philippus und Bartolomäus; Matthäus und Thomas; Jakobus, der Sohn des Alfäus, und Simon, der Freiheitskämpfer; Judas, der Sohn des Jakobus. Nur Judas Iskariot richtete sich nach dem Verrat an Jesus selbst und erhängte sich.

„Jetzt begreife ich", predigte Petrus, „dass es bei Gott keine Unterschiede gibt. Er liebt alle Menschen, die Vertrauen zu ihm haben. Ihr habt von Jesus, dem Mann aus Nazaret, gehört. Gott hat ihn mit seiner Kraft erfüllt. Er hat uns die Botschaft vom Frieden gebracht. Wir sind seine Zeugen."

Immer mehr Menschen bekannten sich zu Jesus und verbreiteten seine Botschaft.
Einer von ihnen war Paulus.
Auf seinen Missionsreisen kam er durch ganz Kleinasien bis nach Griechenland und Rom.
Die Menschen, die nun in Jesu Namen zusammenkamen, nannten sich Christen.
In vielen Städten und Orten gründete Paulus Gemeinden. Seine Briefe an sie sind im Neuen Testament erhalten geblieben.
Einer seiner Begleiter war Lukas, ein Arzt aus Antiochien. Weder Paulus noch Lukas kannten Jesus persönlich, aber sie waren, so lange die Jünger noch lebten, mit ihnen verbunden und ließen sich immer wieder von Jesus erzählen.
Einige begannen, Bücher über Jesus zu schreiben: Mattäus, Markus, Johannes.
Um das Jahr fünfundsiebzig begann auch Lukas alles, was er mündlich und schriftlich über das Leben Jesu gesammelt hatte, für seinen Freund Theophilus aufzuschreiben.
Lukas kannte die Juden nicht gut. Deshalb betonte er, dass Jesus von vielen Juden abgelehnt wurde.
Sein in griechischer Sprache geschriebenes Buch sollte den ersten Christen in aller Welt Mut und Kraft geben, die Verachtung zu ertragen. Viele wurden verfolgt, gefangen genommen, gesteinigt, gefoltert.
Alles, was sie über Jesus hörten, stärkte sie, an ihrem christlichen Glauben festzuhalten.
So erzählt Lukas auch die Geschichte von Jesu Geburt.

Die Geburt

Vor bald zweitausend Jahren erteilte Kaiser Augustus in Rom den Befehl, es sollten in seinem Reich alle Bewohner in Steuerlisten erfasst werden. Es war das erste Mal, dass so etwas verlangt wurde.
Jeder musste in die Heimat seiner Vorfahren ziehen, um sich dort eintragen zu lassen.
In der Stadt Nazaret, in Galiläa, lebte auch ein Mann namens Josef mit seiner Frau Maria.
Josef war ein Nachkomme aus dem Hause Davids. Also machte er sich auf nach Bethlehem in Judäa.
Maria, die ein Kind erwartete, begleitete ihn.

In Bethlehem fanden sie keine rechte Unterkunft mehr, nur einen Stall, der sie vor Nacht und Kälte schützte.
Maria spürte, dass ihre Zeit gekommen war.
Und sie gebar einen Sohn.
Und weil sie nichts anderes hatte, wickelte sie ihn in Windeln und legte ihn in eine Futterkrippe.

Auf einem Feld in der Nähe hielten sich Hirten auf. Sie waren um ein Feuer versammelt und bewachten ihre Herden.
Da trat plötzlich ein Engel des Herrn zu ihnen.
Der Glanz Gottes erhellte die Dunkelheit.
Die Hirten fürchteten sich.
Doch der Engel sprach:
„Fürchtet euch nicht. Ich verkünde euch eine große Freude. In Bethlehem ist heute der Heiland geboren. Ihr werdet ein Kind finden, in Windeln gewickelt in einer Futterkrippe liegend. Es ist der versprochene Retter."
Kaum hatte der Engel zu Ende gesprochen, stand neben ihm eine große Schar anderer Engel, und sie lobten Gott und sangen:

„Ehre sei Gott in der Höhe
und Frieden auf Erden."

Als die Engel in den Himmel zurückgekehrt waren, sagten die Hirten: „Lasst uns nach Bethlehem gehen und das Kind suchen!"
Sie brachen auf und fanden alles so, wie der Engel es ihnen verkündet hatte, Maria und Josef, und das Kind in Windeln gewickelt in einer Krippe liegend.
Sie erzählten, was der Engel ihnen über das Kind gesagt hatte. Alle, die es hörten, staunten. Maria aber bewegte die Worte in ihrem Herzen.
Erfüllt von dem, was sie in dieser Nacht erlebt hatten, kehrten die Hirten wieder aufs Feld zu ihrer Arbeit zurück.

Inhalt

Joseph

Mose

David

Daniel

Jesus

5 4 03
Gesamtausgabe der
in den Ravensburger Taschenbüchern
erschienenen Titel **Joseph** (RTB 94), **Mose** (RTB 231),
David (RTB 46), **Daniel** (RTB 130),
Jesus (RTB 1785)

Umschlag- und Innenillustrationen:
Silvio Neuendorf
Redaktion: Hjördis Fremgen

Printed in Germany

ISBN 3-473-34360-9